JN415971

서울역사구술자료집 14

서울의 도시계획을 말하다

일러두기

1 이 자료집은 2016년 '1960년대 서울시정과 공무원들'과 2017년 '1970~1980년대 예산과 공무원의 활동', 2018년 '서울시정과 공무원들(교통·도시기반시설)'이라는 주제로 채록된 7건의 구술녹취문 중 핵심 내용을 발췌하여 편집하였다.

2 이 자료집은 각 구술자들로부터 자료이용 및 도서발간에 대한 동의를 받은 후에 발간하였다.

3 이 자료집은 독자들이 쉽게 읽고 이해할 수 있도록 구술 내용을 크게 훼손하지 않는 범위 내에서 편집자가 편집·정리하였다. 면담자의 질문은 본문 중 글씨체를 달리하여 표시하였다.

4 구술 내용 중 구술자의 본능적인 놀람이나 느낌, 부름, 응답 따위를 나타내는 감탄사와 반복되는 단어들은 생략하였다.

5 구술 내용 중 사실을 재확인하거나 독자의 이해를 돕기 위해 설명이 필요한 부분은 각주를 달아 표시하였다.

6 본문 중 구술적 성격을 표시하기 위한 편집기호들은 다음과 같다.

“ ” 구술 내 인용문

( ) 사투리나 잘못된 외래어 등을 표준어로 고친 것, 문맥상 지시어나 설명

…… 구술이 중단되거나 구술자가 틈을 두고 이야기할 때

! 구술자가 감탄할 때

(중략) 구술이 이어지지 않고 앞뒤에서 생략되었을 때

7 숫자는 천 단위로 쉼표를 넣었다.

예) 100만 5,678명, 3,500명 등

서울역사구술자료집 14

서울의 도시계획을 말하다

서울역사편찬원

발간사

서울역사편찬원에서는 2009년부터 구술채록사업을 실시하고 있습니다. 구술채록의 목적은 서울시민과 공무원들의 다양한 체험과 기억을 채록·정리하여 문헌사료의 제약과 공백을 보완하는 한편, 훗날 서울역사연구를 위한 자료를 다양하고 풍부하게 생산하는 데에 있습니다. 그중 흥미롭고 유익한 자료를 발췌·편집하여 《서울역사구술자료집》이라는 책자로 시민 여러분께 돌려드리고 있습니다.

구술자료집은 시민들이 쉽고 친근하게 접할 수 있는 책입니다. 다소 딱딱하거나 지루한 주제라도 현장에서 직접 활동했던 사람들의 목소리로 들을 때는 좀 더 생생한 역사의 숨결을 느낄 수 있습니다. 그렇지만 개인의 삶은 주관성을 띠게 마련이며, 그것을 재현해 낼 때 일부 왜곡을 피할 수 없습니다. 문헌자료도 마찬가지입니다. 그렇기에 역사가들은 엄격한 사료 비판을 거칩니다. 구술도 역사 자료로 활용할 때에는 더 엄격하게 검증과 사료 비판을 거쳐야 할 것입니다.

독자께서는 구술자가 특정 사안을 어떠한 방식으로 기억하고, 이야기하는가에 주목하시면 좋을 듯합니다. 구술자가 어떤 부분을 의도적으로 강조하는지 혹은 은폐하는지, 그 행간에 가려진 목소리를 들으신다면 독자께서는 구술자와의 쌍방향 소통을 체험하실 것입니다. 또한 공식화된 기억 너머, 구술자 고유의 체험과 목소리를 들으실 수 있으실 겁니다.

이번에 출간하는 《서울역사구술자료집》은 서울시의 도시계획 수립과 개발 업무를 담당하였던 공무원들의 이야기를 담았습니다. 서울은 1960년대부터 본격적인 개발의 시대를 맞이하였고, 노동자들이 서울로 몰려들었습니다. 기존의 인프라로는 이러한 인구 집중을 감당할 수가 없었습니다. 이러한 문제를 해결하기 위해 종합적이고 체계적인 도시계획이 수립되었고, 각종 개발사업이 진행되었습니다. 오늘날 21세기 서울의 전체적인 모습은 이 시기에 첫 주춧돌이 놓여졌다고 해도 과언이 아닙니다. 그리고 당시 이러한 도시계획과 개발사업에는 그 일을 담당했던 공무원들의 고민과 노고가 담겨있습니다. 본 구술자료집은 이러한 당시 도시계획의 구상과 수립 과정 그리고 각종 개발사업 추진을 위해 현장을 뛰어다녔던 공무원들의 모습을 생생히 엿볼 수 있을 것입니다.

마지막으로 구술에 참여해 주신 여러분과 구술채록사업을 진행해주신 면담책임자와 구술채록 과정에서 많은 도움을 주신 관계자 여러분, 자료집의 편집과 발간을 진행한 서울역사편찬원 연구원들의 노고에 깊이 감사드립니다.

2022년 7월

서울역사편찬원장 **이 상 배**

차 례

152

| 류동주 |

당시에는 제대로 된 도면이 없어서
지적도를 가져다
도시계획작업을 했어요

178

| 박형석 |

도시가 발전하면 그만큼 재원이 생겨요.
발전하는 만큼 돈이 생기는 거죠

214

| 김학재 |

당시 개발은 급변하고 폭발적으로
일어났어요. 멈출 수가 없었어요

252

| 홍종민 |

도시의 하드웨어는 국제행사를 할 때마다
한 단계씩 높아지는 것 같더라고요

이야기를 시작하며

서울은 1960년대부터 본격적인 개발의 시대를 맞이하였다. 광복 직후 약 80만 명 정도였던 서울의 인구는 1960년 약 240만 명, 1966년에는 약 380만 명으로 증가하였다. 광복과 6·25전쟁을 거쳐 전후 복구 시기 동안 전재민과 피난민들이 서울로 몰려들었다. 그리고 1960년대 제1·2차 〈경제개발5개년계획〉과 궤를 같이하여 전국에서 노동자들이 서울로 몰려들었다. 이호철이 1960년대 중반 신문에 연재했던 소설 《서울은 만원이다》가 상징적으로 보여주듯이 서울에 있던 기존의 도시 인프라만으로는 몰려드는 인구를 감당할 수 없었다.

이러한 문제를 해결하기 위해서는 대규모 택지개발과 교통망 확충이 시급한 과제가 되었다. 경제개발을 위해서도 이것은 서울시의 가장 큰 현안이었다. 그리고 그것은 총체적이면서도 종합적이고 장기적인 도시계획의 필요로 이어졌다. 그때까지 서울에서는 일제강점기였던 1934년 발표된 〈조선시가지계획령〉에 기초한 토지구획정리사업이 이어지고 있었다. 하지만 이러한 사업은 특정 지역의 미개발지(주로 농경지)를 시가지화하는 것이 주목적이었다. 1960년대에 들어와서도 토지구획정리사업 자체가 도시계획이라는 인식이 많았다. 물론 이것은 도시계획을 실현하는 유용한 수단이었지만, 그것 자체가 도시의 구조를 종합적·장기적으로 바꾸는 역할을 담당하는 것은 아니었다.

1966년 김현옥 시장 취임 직후 발표한 〈대서울도시기본계획〉은 이러한 문제를 해결하기 위한 고민의 산물이었다. 물론 이것은 하루아침에 만들어진 것이 아니었다. 윤태일 시장기인 1962년 〈도시계획법〉이 제정되었다. 또한 같은 해 발표한 《도시계획백서》를 비롯해, 윤치영 시장기인 1965년 발표한 〈시정10개년계획〉 등이 있었다. 〈대서울도시기본계획〉은 이 같은 법률적 정비를 비롯한 여러 계획의 토대 위에 세워진 도시기본계획이었다. 이러한 도시계획은 김현옥 시장 이후 임명된 양택식 시장과 구자춘 시장 시기인 1972년 〈시정종합계획〉과 1978년 〈서울도시기본계획〉 등으로 이어졌다. 그리고 이러한 도시계획은 도심 과밀화 억제와 분산, 도시 기능 분산과 신시가지 개발, 주거 환경 개선과 주택 보급 증대, 교통 시설 확충 등이 주요 내용이었다.

서울의 도시개발도 급속히 진행되었다. 청계천이 복개되었고, 세운상가가 들어섰다. 1·21사태 이후 북악스카이웨이가 조성되었고, 남산터널이 개통되었다. 윤중제를 시작으로 여의도가 본격적으로 개발되기 시작하였고, 도심 집중을 분산시키기 위해 영동지구와 잠실지구가 새롭게 조성되었다. 주거 문제 해결을 위해 대규모 아파트 단지가 지어졌다. 도심 교통망 역시 대규모로 확충되었다. 도심부에는 각종 고가도로가 만들어졌다. 한강을 따라서는 강변북로와 같은 자동차 전용도로가 건설되었다. 그동안 서울을 달리던 전차는 역사의 뒤안길로 사라졌고, 지하철이 새롭게 개통되면서 서울의 교통망은 새로운 전기를 마련하였다. '싸우면서 건설하자'라는 구호는 이 시대의 서울을 대변하는 슬로건이었다.

물론 이러한 도시계획과 개발은 공간적 조건과 사회적 변화와 따라 변용이 이뤄졌다. 도시계획 수립 초기에는 국가 기능을 중심으로 도심 분산을 구상했지만, 오늘날 그것은 비즈니스 기능을 중심으로 한 다핵도시체계로 발전하였다. 한 개의 도심과 여러 부도심이 자리매김하는 형태의 계획 역시 여러 도심과 그것에 동반하는 여러 부도심 체제, 특히 생활권과 역세권 중심으로 변화하였다. 가로망체계 역시 중심지에서 확장되는 방사선 형태보다는 격자형 체제로 개발되었다.

그렇다면 1960년대 이후 서울을 변화시켰던 이러한 계획의 수립과 개발은 실제 어떻게 진행되었을까? 이를 알기 위해서는 당시 도시계획을 입안하고 개발 업무를 추진했던 이들의 목소리에 주목해 볼 필요가 있다. 이 책은 서울의 도시계획을 말해줄 수 있는 7명의 이야기를 담았다. 이들은 김현옥 시장이 취임 이후 도시계획을 입안했던 구상자였으며, 계획 수립의 실무를 담당하기도 했다. 또한 각종 개발 사업을 지휘·감독하였고, 개발의 현장 업무를 책임졌던 공무원들이다.

제1장은 차일석 전 부시장의 이야기이다. 그는 1931년생으로 미국 뉴욕대에서 도시행정과 도시계획을 공부하고 1961년 연세대 교수로 재직하였다. 그리고 김현옥 시장이 취임한 1966년부터는 서울시 제2부시장으로 임명되었다. 그는 김 시장이 추진한 각종 개발을 이론적으로 뒷받침하는 브레인 역할을 하였다. 그는 김 시장 취임 직후인 1966년 8월 15일 개최된 8·15도시계획전시회를 개최하면서 〈대서울 도시기본계획〉을 수립하였다. 이것은 광복 이후 세워진 최초의 총체적·종합적 도시계획이었다. 그러면서 20년 뒤 서울의 인구를 500만 명으로 예상하면서, 강남에 300만 명, 강북은 200만 명이 거주하는 것으로 계획하였다. 그리고 인구 증가와 경제 성장을 고려해 기존의 8~15m 정도였던 간선도로의 폭도 50m, 100m로 넓혔다.

한편 그는 세운상가를 만들 당시 버지니아의 레스톤Reston을 참조했다고 밝혔다. 당시 레스톤은 사람과 자동차가 다니는 길을 완전히 분리시키는 형태의 신도시로 수평으로 뻗은 형태로 조성되었는데, 세운상가의 경우에는 서울 시내가 협소하기 때문에 건물을 수직으로 올렸다고 한다.

아울러 그는 기존의 공공사업이 세금만으로 추진되던 방식을 탈피해 민간자본 유치를 적극 추진하였다. 당시 미국에서는 예산 이외에 민자 유치 역시 적극 활용하고 있었다. 이후 서울시는 세운상가를 시작으로 정부 예산이나 차관이 아닌 민간 건설사를 참여시켜 자본을 대는 방식을 적극 사용하였다. 그는 여의도 개발 역시 강변도로를 만들면서 얻어진 이촌동 지역 체비지를 매각한 대금을 토대로 시작할 수 있었다고 회고하고 있다.

제2장은 이민창 전 도로시설과장의 이야기이다. 그는 1934년생으로 서울시 건설국 토목과 치수계에서 근무하기 시작하였고, 도시계획과장과 토목과장 등을 역임하였다. 그는 김현옥 시장 시기 본격적으로 시작된 하천 복개 사업들을 회고하고 있다. 그러면서 그러한 복개를 통해 개발 이익을 얻으려는 민원들과 개발 논리에 시민들이 들어오는 구조적 원인에 대해 말하고 있다. 그러면서 그는 도심재개발이 대자본을 가진 재벌들의 돈벌이 수단으로 활용되는 모습을 비판적으로 바라보고 있다.

한편 그는 도시계획과장 시절 소공동 지구의 재개발사업을 추진하였다. 그러면서 그곳에 화교회관을 지어주겠다는 조건으로 소공동 지역에 살던 중국인들을 이주시키는 작업도 함께 진행하였다. 그런데 이러한 사업은 제대로 추진되지 못했고, 결국 중국인들은 그곳에 플라자호텔을 건축하는 한화건설에 토지를 매각하고 이주하였다. 결국 화교회관 건립 무산과 일련의 사건들이 대만에 알려지면서 국제적 문제가 되었고, 양택식 시장과 함께 그 역시 사죄사절단으로 대만에 건너갔던 일화도 회고하고 있다.

제3장은 김정근 전 서대문구 도시정비과장의 이야기이다. 그는 1935년생으로 서울시 토목과를 시작으로 도시계획과를 거쳤고, 이후 마포구와 중구에서 토목과장으로 근무하였다. 그는 소공동 지구 재

개발을 비롯해 청계천 주변 판자촌 철거와 도로 확장 그리고 세운상가 건설 등 당시 진행되었던 각종 개발 사업들에 대해 말해주고 있다. 그러면서 그는 당시에 벌였던 서울의 각종 개발 사업에 대해 '김현옥 시장이 벌여 놓고 양택식 시장이 마무리했다.'라고 평가하고 있다.

한편 그는 당시 도시계획을 세울 때 항공사진을 이용하는 모습을 언급하였는데, 청와대나 군부대 등 안보상 중요한 시설의 경우 별도로 협의를 해서 항공기를 띄우는 일정을 조율했던 일화도 말해주고 있다. 이외에도 유신사무관 제도로 군 출신 인사들이 본청의 과장급으로 임명되면서 기존 직원들의 진급이 적체되었던 당시 상황과 더불어 구청 재직 시에는 교도소에서 형기를 마치고 온 출소자들을 무허가 건물 단속반으로 사용해 일을 추진했던 일화도 기억하고 있다.

또한 그는 도시계획 관련 업무지식이 풍부해 라디오방송에서 이 분야에 대한 시민들과의 상담도 오랫동안 진행하였다. 그러면서 당시 도심 개발과 관련해서 가장 많은 질문을 해온 사람들은 동대문 포목상들이었다고 회고하였다.

제4장은 류동주 전 서울시 심사분석담당관의 이야기이다. 그는 1935년생으로 서울시 도시계획과와 건설행정과에서 근무하였고, 도시계획과장과 재무국 관재과장, 주택국 주택행정과장, 성동구 재무국장 등을 역임하였다. 그는 1970년 소공동 재개발 당시 플라자호텔 건립 계획을 세우는 작업에 참여했으며 뉴질랜드 오클랜드대학으로 유학을 다녀오기도 했다. 또한 서울시 각 구청의 행정구역 재조정 작

업을 담당하였다.

이후 그는 재무국 관재과장 시절에는 시유지 목록을 전산화시켜 지방 재정을 컴퓨터로 관리하는 체제를 정비하였다. 도시계획과장을 맡으면서는 그때까지 번지수만 나와 있는 지적도에 보면서 도시계획을 수립하던 방식을 벗어나기 위해 항공사진을 기반으로 도시계획현황도면 제작을 담당하였다.

제5장은 박형석 전 서울시 재무국장의 이야기이다. 그는 1936년생으로 서울시 회계과와 예산과에서 근무하였고 예산과장을 비롯해 기획관리실 예산담당관, 상수도사업본부 경영관리국장, 종로구청장 등을 지냈다. 그는 오랫동안 서울시의 예산 관련 업무를 맡았다. 그러면서 김현옥 시장부터 본격적으로 추진된 각종 개발에 필요한 재원 확보 계획을 세웠고, 운영 업무를 담당하였다.

당시 서울시가 추진했던 개발은 막대한 재원이 필요했다. 그런데 그것은 도시개발이 진행되면서 확보된 체비지 판매와 부동산 가격 상승을 통해 증가한 세수로 충당하였다. 거듭된 재투자를 통해 예산을 확보하고 개발을 지속하는 당시의 모습은 그의 눈에도 '이게 가능할까?' 싶을 정도로 '경이롭게' 보였다. 물론 이러한 개발 사업을 벌리기 위해 서울시는 수시로 추가경정예산을 편성하였다. 많으면 1년에 7~8번씩 수정하기도 했다. 자연히 재무부서는 그러한 재정 확대가 지나치게 되는 것을 막는 '브레이크' 역할을 담당하였다고 그는 회고하고 있다.

제6장은 김학재 전 서울시 부시장의 이야기이다. 그는 1944년생으로 지하철건설본부와 도시계획국에서 근무하였고, 한강개발본부장, 도시계획국장, 지하철건설본부 본부장을 거쳐 서울시 행정2부시장을 역임했다. 그는 1970년대 폭발적으로 급변하던 서울의 모습을 말하면서 '니드need'가 너무 많아 '뮤트mute'시킬 수 없을 정도였다고 말하고 있다. 또한 그는 강남개발 당시 서울시가 돈이 없어서 건설사들에게 공사비 대신 강남지역의 땅을 주었는데, 아이러니하게도 덕분에 건설사들이 훗날 큰 이익을 봤다고 회상하고 있다. 또한 한강을 개발하면서 채취한 골재를 매각해 비용을 충당했던 일화도 말하고 있다.

한편 그는 1970년대 후반 추진되었던 서울시청 이전 계획에 대해서도 말해주고 있다. 당시 서울시는 시청 건물을 오늘날의 서초동 대법원 자리로 이전시키려고 했는데 여러 문제가 발생하면서 무산되었고, 해당 부지는 대법원이 옮겨오는 것으로 결정되었다고 한다. 아울러 1990년대 초반 있었던 수서비리사건에 대해서도 말해주고 있는데, 당시 서울시 도시계획국장으로 있으면서 정치인들과 기업들의 비리 협의를 목격한 일화도 회고하고 있다. 이후 그는 민선시장기인 조순 시장기와 고건 시장기에 부시장을 역임하였는데, 시장들과의 인연을 비롯해, 가까이에서 본 그들의 시정 철학과 업무 스타일에 대해서도 회상하고 있다.

제7장은 홍종민 전 서울시 도시철도공사 사장의 이야기이다. 그는

1945년생으로 서울시 건설국과 도시계획국에서 근무하였고, 도로국장, 하수국장을 지냈다. 이후 청와대 경제비서실에 파견 근무를 했으며, 다시 서울시로 복귀해 종합건설본부장과 도시계획국장 등을 지냈다. 그는 정부 부처인 조달청에서 근무하다가 1977년 서울시 건설국으로 옮겨왔고, 도로 보수와 포장 업무를 비롯해 각종 토목 건설 사업을 맡았다. 특히 원효대교의 경우 민자를 도입해 건설했으며, 톨게이트를 설치해 통행료를 받던 최초의 한강 다리로 기억하고 있다. 이후 1983년 도시계획과장으로 지내면서 시청광장을 조성하는 계획을 세웠는데, 당시 세웠던 원안이 20여 년이 지나 이명박 시장기인 2004년 개장한 서울광장으로 실현되었음을 회고하고 있다.

이후 그는 프랑스 건설대학으로 유학하였다. 그러면서 도시재생을 염두하면서 추진하는 서구식 도시개발에 대해서도 큰 관심을 가지게 되었다. 특히 도심의 과밀화와 초고층 아파트 건설로 인해 발생하는 사회적 문제를 지적하면서, 신도시와 같은 대규모 주거시설 공급에 있어서는 그에 동반하는 기반시설 건설의 필요성을 강조하고 있다. 이외에도 그는 성수대교 붕괴사고 당시에는 사고대책본부장을 맡아 사고 수습과 복구 업무를 담당하였다.

본 구술자료집은 채록한 구술 자료를 독자들이 읽기 쉽게 편집한 2차 가공물임을 밝혀두고자 한다. 이 책의 내용 중 일부를 연구에 활용하거나, 더 세밀한 정보가 필요한 경우에는 반드시 소정의 절차를 밟아 서울역사편찬원이 소장하고 있는 원본 자료를 참조하기 바란다. 또한 본 구술자료집은 개인의 사적인 체험과 기억을 술회한 것이므로 일부 내용은 다른 독자들의 기억과 다르기도 하고 일부 과장되었을 수도 있다. 그러므로 독자들은 이러한 점들을 유의하여 읽어주기 바란다.

아울러 서울역사편찬원에서는 구술자 개인의 의사를 존중하기 위해 무리한 인터뷰를 자제함과 동시에 비공개로 요청된 부분은 편집 과정에서 모두 삭제하였다. 또한 이 자료집은 녹취록을 바탕으로 원고를 정리였고, 구술자의 동의를 받아 발간하였음을 밝혀둔다.

2022년 7월

서울역사편찬원 전임연구원 류상진

도시계획은 20년을 내다보고 계획하죠

면 담 자 임미리(한국학중앙연구원)
면담주제 1960년대 서울시정과 공무원들
면담일시 2016년 10월 6일
면담장소 용산구 이촌동 구술자 자택

차일석

1931년 서울시 중구 신당동 출생
1953년 뉴욕 아델파이대학교 행정학 학사
뉴욕대학교 행정대학원 도시행정 석사
뉴욕대학교 행정대학원 행정학 박사 수료
1961년 연세대학교 행정학과 교수
1963년 건설부 중앙도시계획위원회 위원
1966년 서울시 부시장
1971년 조선호텔 사장
1979년 신동아건설 사장
1995년 국민일보 대표이사 사장
1998년 서울신문 대표이사 사장
1999년 러시아 국립극동대학교 명예 국제정치학 박사
2000년 한국신문협회 부회장

윤치영 시장의 제안으로 서울도시계획을 연구

이번 면담은 '1960년대 서울시정과 공무원들'이라는 주제로 실시하는 서울역사편찬원의 구술채록사업입니다. 오늘은 차일석 전 부시장님을 모셨습니다. 부시장님께서는 1961년부터 연세대학교 교수로 계시다가 1966년 서울시 부시장으로 오셨습니다. 우선 그것에 대해서 간단한 말씀 부탁드리겠습니다.

1964년이었어요. 윤치영 시장한테서 전화가 왔어요. 한번 만나고 싶다고 하더군요. 반도호텔에서 만났어요. 그분이 《타임》 잡지를 어깨에 딱 끼고 오더라고요. 그러면서 저보고 "이 《타임》 잡지 읽지도 못하는 촌놈들하고 일하려고 하니 힘들다."라고 하더라고요. 그러면서 저보고 건설부 중앙도시계획위원회 위원[1]이니까 (서울시 도시계획위원회) 상임위원[2]이 돼 달라고 했어요. 5·16

1 중앙도시계획위원회는 광역도시계획, 도시·군 계획, 토지거래계약허가구역 등 도시계획의 결정과 기타 도시계획에 관한 사항을 심의·조사·연구하는 조직으로 국토교통부에 설치된다. 중앙도시계획위원회는 1950년 4월 14일 대통령령 제328호 〈도시계획위원회 규정〉에 의해 내무부에 도시계획위원회라는 단일 조직으로 설치되었다. 내무부 장관의 자문에 응하고, 도시계획에 관한 조사연구 및 중요시설계획을 심의하여 장관에게 건의하는 것을 목적으로 하였다. 이후 1962년 〈도시계획법〉이 제정되면서 도시계획위원회 규정이 새롭게 만들어졌고, 중앙정부 차원의 중앙도시계획위원회가 구성되었다. 위원장과 부위원장 각 1인씩이며, 위원은 10인 이상, 15인 이내로 규정되었다. 위원장은 국토건설청장이 맡았다.

군사정변 직후에 각 계통의 교수들을 모아서 자문회의를 만들었는데 제가 그때 도시분과에 속해 있었어요. 그리고 1962년부터는 서울시 도시계획위원회 위원으로도 위촉되었고요.

당시 윤 시장은 서울을 현대화하려는 생각을 가졌어요. 저한테 "내가 시장이지만 공부한 분야가 전혀 다르기 때문에 뭘 알겠습니까? 당신이 무슨 좋은 아이디어를 내달라."라고 했어요. 그래서 서울시로 가게 됐지요. 그때 서울시에 있던 도시계획 자료들을 봤거든요. 그걸 보니까 딱 느껴지더라고요. 그때까지만 해도 서울시가 제대로 세운 도시계획이나 마스터플랜이 없었다는 걸요. 일제강점기 때 만든 일부 시가지 계획을 이어서 진행하고 있던 정도였지요.

그 무렵 서울시 인구가 200만 명 정도였어요. 그런데 1962년도에 제1차 경제개발 5개년계획을 시작하면서 구로공단이 생기고 청계천에는 섬유공장이 들어서면서 사람들이 자꾸 지방에서 모여드는 때였죠. 아무 계획 없이 자꾸 사람이 올라오면 어떻게

---

2 서울시 도시계획위원회는 서울시장이 결정하는 도시기본계획의 수립 및 심의·조사·연구하는 조직이며, 도시계획에 대해 서울시장의 자문에 답하는 등의 역할을 수행한다. 1946년 8월 15일 발표한 〈서울시 헌장〉을 통해 설치되었다. 1958년 도시계획위원회의 법적 근거를 공고히 하기 위하여 조례 제144호 〈서울특별시도시계획위원회조례〉를 제정·공포하였으며, 수도도시계획, 수도지방권계획의 조사·연구·계몽 및 상기계획과 계획사업에 대한 서울시장의 자문에 응하는 역할을 하였다. 이후 1962년 〈도시계획법〉이 제정되면서 서울시에서도 도시계획위원회 조례를 개정하였다. 서울시 도시계획위원회의 위원장은 서울시장이며, 위원은 4~6명으로 관계공무원과 도시계획에 대한 학식과 경험이 있는 자를 시장이 임명·위촉하였다.

하겠어요? 윤 시장님한테 제가 해결 아이디어를 제시했던 거죠. 그리고 김현옥 시장이 오게 되면서 같이 일하게 되었죠.

김현옥 시장 취임 후 〈대서울도시기본계획〉 입안, 8·15도시계획전시회 개최로 청사진 공유

김현옥 시장과는 그전에는 만난 적이 있었나요?

부산을 직할시로 만들 당시 부산에서 만난 적이 있어요. 경상남도에서 부산시를 독립시키는 일을 했지요. 도시가 발달하려면 독립적이어야 하거든요. 제가 미국에서 공부했기 때문에 미국식 사고방식이 꽉 차 있어요. 지금도 그렇습니다. 어떤 문제가 닥치면 어떤 결과가 나올지 예상을 하고 일을 해요.

어쨌든 당시 김현옥 시장이 저한테 물어봤어요. 무엇을 먼저 했으면 좋겠냐고 말이죠. 그때가 3월 말이었어요. 제가 8·15에 서울시 도시계획전시회를 제안했어요. 8월 15일까지 4개월 남았던 시점이었죠. 그때까지만 해도 공무원이 아닌 이상 어느 지역이 어떻게 개발되는지 아무도 몰랐거든요. 이걸 오픈하자고 했죠. 그리고 연구회나 위원회도 만들어 전문가들을 초청해서 방향을 제시하자고 했어요.[3]

김현옥 시장은 일처리가 상당히 빨랐어요. 지능적이었고요.

대서울도시계획전시장을 둘러보고 있는 외국인 관계자들에게 설명하는 구술자(1966년)

그렇게 전시회를 오픈해서 비판이 나오면 수용한다는 거였죠. 8월 15일 날짜도 제가 정했습니다. 광복된 날에 서울 시민들에게 미래상을 한번 보여주자고 말이에요. 용역은 국토부 소속 학회에 주고, 서울시는 재료를 도와주고요. 전시 자체가 또 하나의

3 1966년 시청 앞에서 진행된 '대서울도시계획전시'를 말한다. 8월 15일부터 9월 15일까지 한 달간 공개되었으며, 〈대서울기본도시계획〉, 〈새서울백지계획〉을 비롯한 서울시의 각종 도시계획 모형과 도표 등을 전시하였다.

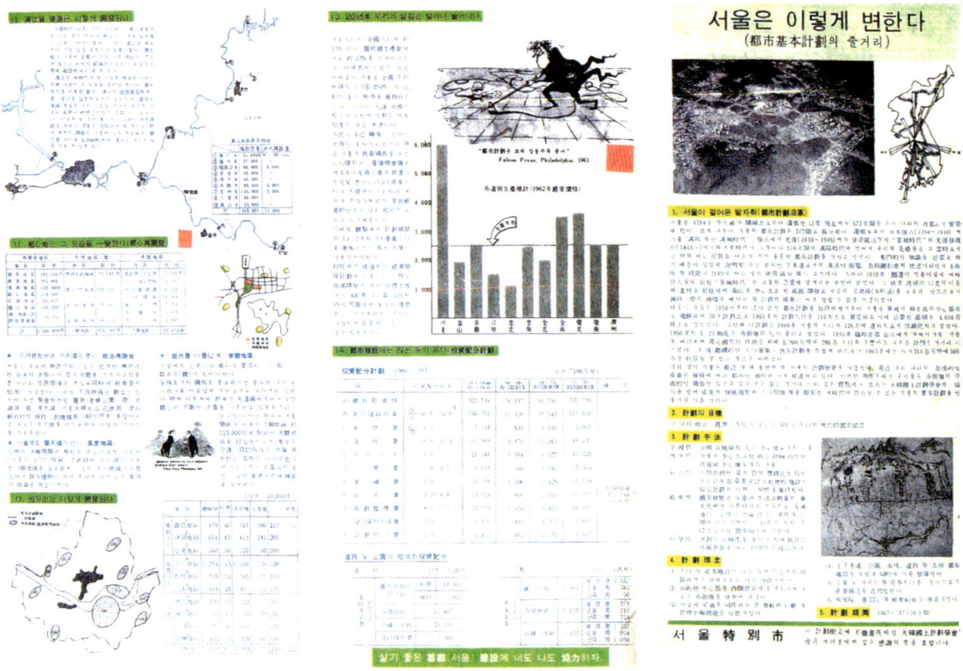

대서울도시계획전시장에서 배부된 〈서울은 이렇게 변한다〉 팸플릿(좌-앞면, 우-뒷면)

서울시 사업이 되었죠.

이렇게 해서 자기가 가지고 있는 땅이 앞으로 어떻게 될지 알 수 있게 되었죠. 해당되는 사람은 땅을 팔아서 개발해야겠다고 각자 계획을 세울 수 있게 된 거죠. "학교를 짓겠다."라든지, "호텔을 짓겠다."라고 말이죠. 실제로 그런 사람들이 있었어요.

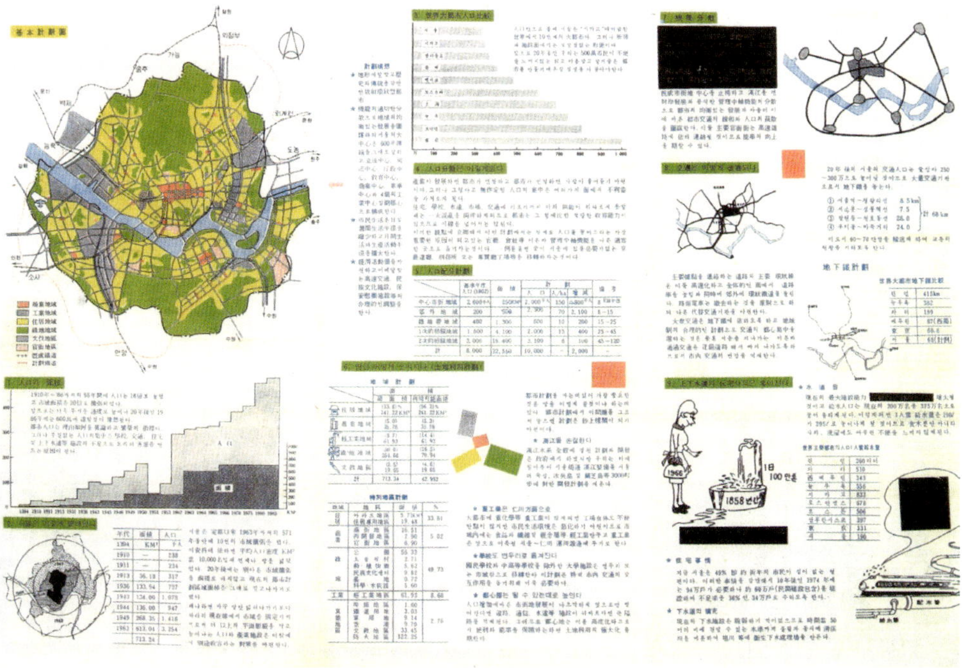

서울에 땅 가진 사람들이 서울시의 도시계획전시회를 통해 도시계획의 청사진을 같이 공유했던 거라고 할 수 있겠네요.

그렇죠. 토지를 다른 방식으로 활용할 수 있도록 한 거죠. 이런 일이 있었어요. 수유리 쪽의 신일고등학교 설립자[4]가 교육사업

4 신일고등학교 설립자인 이봉수(1917~2000)를 말한다. 그는 1917년 평북 의주에서 태어났으며, 1947년 월남하였다. 1952년 신일기업주식회사를 창업하였다. 이후 한국유리

을 한다고 했어요. 사실인지 아닌지 한번 조사해 보니까 교육 일을 할 수 있을 것 같았어요. 돈도 많았고요. 그래서 수유리토지구획 사업할 때 그분한테 우선권을 줬습니다. 그렇게 해서 신일중·고등학교를 지었어요.

잠실지구 도시계획, 20년을 내다보고 세운 계획

이번에는 잠실지구 도시계획에 대해 여쭤보겠습니다. 당시 잠실에 100만 평 땅을 잡아놓았다고 알고 있습니다.

1964년에 일본에서 올림픽을 했거든요. 제2차 세계대전에서 망한 일본이 올림픽을 치렀죠. 그런데 우리라고 못할 게 있습니까? 못해도 최소한 도시계획에 들어가야 하는 게 당연했죠.

원래 도시계획의 목표는 20년을 내다보고 계획하는 것이 보통이에요. 20년이 지나면 교통, 인구, 경제 상황을 보고 수정을 하거든요. 그대로 나가선 안 되죠. 20년마다 일부 계획을 수정하면서 도시계획을 해 나가야 하거든요. 1966년에 우리가 강남에

공업주식회사, 신일개발주식회사, 한국산업가스주식회사 등의 기업을 운영하였다. 이후 1959년 신일학원을 설립하였다. 1966년 학교법인 신일학원 설립인가를 받았고, 이듬해 3월 첫 입학식을 거행하였다. 1987년 경제발전과 사학진흥에 기여한 점이 인정되어 국민훈장 무궁화장을 받았다.

도시계획위원회에서 설명하는 김현옥 시장과 구술자(1966년)

300만 명, 강북에 200만 명이 사는 것으로 계획을 잡았어요. 모두 500만 명이 서울에 산다고 계획을 세웠죠. 그런데 그 계산이 틀렸던 거죠. 경제개발이 그렇게 빠를지도 몰랐고, 지방에서 서울로 인구가 그렇게 많이 올 줄도 몰랐거든요.

당시 올림픽 부지였던 송파와 잠실은 서울 경계였나요?

행정구역하고 도시계획구역은 달라요. 도시계획구역은 행정구역을 넘기도 하거든요. 서울시에 편입이 안 되어 있더라도 우리가 중앙도시계획위원회 승인을 맡으면 서울시 도시계획 안에 들어가요. 도시계획으로 인해서 거꾸로 도시 자체가 확장될 수도 있다는 거죠.

덕수궁 담장 철거, 문화재관리위원회의 반대에도 강행

도시계획을 세우거나 언론에 공개할 때 시민들이나 언론에서는 어떤 반응을 보였나요?

일단은 다들 잘 몰라요. 지금과 달리 모든 게 사실상 처음이었으니까요. 아마 이 분야에 대해 잘 아는 사람이 있었다면 공격을 많이 했을 거예요. 토지는 확보했는지, 예산은 어떻게 조달할 것인지 말이죠. 다행히도 그런 질문이 나오면 제가 전문가 입장에서 이야기를 하거든요. 그러면 (그것들이) 쏙 들어가 버려요.

다만 문화재관리위원들하고 가끔 다툼이 있었어요. 제가 덕수궁 담을 헐어버렸어요. 담 때문에 밖에 사람들이 그 안을 못 보니까요. 문화재위원들이 반대하니까 일방적으로 헐어버렸죠. 담장 자체를 쓸 수 없게 만들어놨어요. 그러니까 앞에 지나가는 사람들도 볼 수 있고 얼마나 멋있겠어요?[5]

그래서 문화재위원장하고 저하고 둘이 나가서 토론도 했어요.[6] 문화재위원장은 여기 전체가 문화재니까 풀 하나도 뽑아서는 안 된다고 그래요. 제가 화가 나서 한마디 했어요. "그러면 선생님, 잡초도 문화재입니까?"라고 말이에요. 그래서 뭐 한때 난리가 났었어요. 제가 문화재위원장을 너무 무시했다고 말이에요.

문화재위원회 쪽에 반발이 엄청나게 심했나 보네요.

그럼요. 하여간 담장을 헐어버렸으니까요. 그때는 제가 좀 고약하게 했어요, 지금 같으면 생각도 못 합니다.

5 1961년 7월 26일 서울시는 덕수궁의 담장을 헐어버리는 것이 좋은지 여부에 대한 여론조사를 실시했다. 조사는 1,000명을 대상으로 하였으며, 조사방식은 7월 26일 하루 동안 거리와 특정인을 대상으로 시행되었다. 내용은 태평로 쪽의 담장 약 170m를 헐고 철책 담장으로 하는 것이 좋겠는지, 아니면 고궁의 역사상을 그대로 두는 것이 좋겠는지에 대한 것이었다. 서울시에서 도시계획에 시민의 여론을 묻고 반영한 첫 사례이다. 이를 토대로 서울시는 덕수궁의 돌담 일부를 헐고 그 대신 철책을 치기로 결정하였다.

6 1967년 문화재위원회와 서울시는 도로망 확보 과정에서 칠궁(七宮)의 궁 일부와 담을 허무는 것과 종묘의 담 일부를 헐어 덕수궁과 마찬가지로 철책을 설치한다는 계획에 대한 토론회를 개최하였다. 1967년 9월 27일 《경향신문》을 보면 "도시계획, 건설이라는 이름으로 문화재들을 파괴할 것이라면 먼저 〈문화재보호법〉을 폐기하고 문화재위원회를 해체한 뒤에 하라."며 문화재보호의 중요성을 강조하는 문화재위원회 김상기 위원장의 인터뷰가 실렸다.

수도방위를 명분으로 칠궁 일부를 이전

문화재와 관련된 다른 일은 없었나요?

1968년 1·21 사태 이후에 칠궁七宮을 옮기는 일도 했어요. 그쪽 도로를 평창동으로 나가게 하려고 했죠. 그런데 보니까 길이가 8m밖에 안 되더라고요. 25m의 간선도로로 만들어야 했거든요. 그러기 위해서는 칠궁 중에 두 개를 헐어야 했죠. 그래서 제가 이구李玖 선생[7]을 만났어요.

영친왕의 아드님을 말씀하시는 거죠?

예, 맞아요. 실은 제가 미국에서부터 그분을 알았거든요. 그분이 건축학을 공부했어요. 제가 도시계획 과목을 선택할 때 그분도 같이 강의를 들었어요. 강의하던 교수가 저를 소개해 줬고요. 자기 집에 '프린스 리 황태자'를 초대했으니 저한테 와서 같이 밥 먹자고 그랬거든요. 그렇게 만나서 좀 친해졌어요. 제가 서울시에 있을 때 이분도 귀국해서 우리나라에서 건축회사를 만드셨어요.

당시 이방자 여사가 시청에도 찾아오기도 했어요. 뭐 설계할

7 이구(李玖, 1931~2005)는 영친왕의 아들이다. 1931년 일본에서 태어나 1956년 MIT 공과대학교 건축학과를 졸업하였다. 졸업 후 뉴욕의 건축사무소에서 근무하였고, 1963년 한국에 입국하였다. 이후 서울대학교와 연세대학교 건축공학과에 출강하였다. 1973년 신한항업주식회사를 설립하였다. 1996년 대동종약원 명예총재를 맡았다.

오늘날의 칠궁 재실

것 있으면 하나 달라고 말이에요. 우리 입장에서 도와줘서 나쁠 건 없잖아요. 그분도 미국에서 상당히 공부한 사람이고요. 그래서 상수도 설계공사 용역을 맡기기도 했어요. 그분도 상당히 고맙게 생각했고요. 그런데 때마침 칠궁 문제가 튀어나왔던 거죠.

시기가 그렇게 맞았던 거네요.

제가 연락을 해서 만나자고 했어요. 반도호텔에서 만나서 이런 저런 이야기를 했죠. "역사의 한 페이지를 없애는 건 아니지만 옆으로 잠깐 옮겨놓겠다. 없애는 것이 아니다. 장소만 옮겨놓는다. 길이 좁아서 서울시가 발전하려고 해도 발전할 수 없다. 그 길이 넓어져야 국민대학교까지 쭉 나가고 수유리랑 의정부까지 간다."라고 설득했죠.

그랬더니 이런 문제는 이씨 종친회에서 결정해야 하니까 회의를 열겠다고 하더라고요. 그리고 저한테 와서 설명을 좀 해 달라고 했어요. 그러면 자기가 서울시에 유리한 방향으로 결론을 내주겠다고 약속을 했어요.

그렇게 해서 종친회를 딱 열었죠. 거기는 진짜 조선시대 왕실이에요. 다들 그분을 '전하'라고 불러요. "결론은 전하께서 내려주십시오."라고 그러더라고요. 그리고 거기 종친회 몇 분은 사전에 제가 만나서 설득시켰고요. "공비共匪가 청와대까지 쳐들어오는 판국이다. 또다시 침공해 들어오면 어떻게 막겠느냐?"라고 말이에요. 서울을 보호하기 위해서라도 이 길을 넓혀야 한다고 설득했죠.

그때부터 서울의 도시계획에서 수도를 방위하는 방위계획으로 조금 바뀌기 시작한 것 같아요. 김신조 사태 때문이죠. 그래서 스카이웨이를 만든 거예요. 누가 보면 즉흥적이라고 하지만 사실은 즉흥적인 것이 아니거든요. 서울을 보호하는 데에는 도로만큼 좋은 장치가 없습니다.[8]

북악스카이웨이 공사 현장을 시찰 중인 김현옥 시장(1968년)

그러면 최초의 서울시 도시계획에는 수도방위와 같은 개념이 없었는데 나중에 1·21사태를 거치면서 북악스카이웨이처럼 서울을 보호하는 구조들이 추가되었던 건가요?

도시계획의 마스터플랜은 전반적인 것을 잡는 거죠. 그 안에 얼마든지 추가도 가능하고 없애는 것도 가능한 거죠. 간선도로 같

8 이외에 구술자는 북악스카이웨이 준공식 당일 박정희 대통령이 남산터널을 만들 것을 지시했다고 회고하였다. 이에 대해서는 차일석, 《영원한 꿈 서울을 위한 증언》, 동서문화사, 2005, 149~150쪽 참조.

남산2호터널 기공식(1969년, 좌측부터 구술자, 박정희 대통령 김현옥 시장이다.)

은 것도 불광동 쪽은 전부 8m였어요. 의정부 쪽도 전부 8m나 12m에요. 우선 도로를 넓히는 것이 첫 번째 과제였어요. 길을 넓히지 않으면 아무것도 못 하거든요. 물론 그때는 길을 넓힌다는 것 자체를 사람들이 생각을 못할 때였어요. 4차선이나 6차선은 생각도 못했던 시절이었죠.

제가 부시장으로서 도시계획을 입안할 때 한 일은 큰 그림을 그리는 거였어요. 작은 그림만 그렸으면 4년 동안 그렇게 일하지 못했을 거예요. 1966년에 와서 서울을 위해 마스터플랜 하나를 선물했다는 것, 그리고 〈대서울도시기본계획〉을 통해 오늘날의 서울이 대도시가 되었다는 거죠. 그것의 가이드라인으로 1967년에 도로를 확장한 겁니다. 간선도로 8m랑 15m를 전부 최소한 35m로, 그리고 태평로는 100m, 종로·을지로·퇴계로는 50m로 만든 거죠. 만약에 이거를 안 넓혔으면 오늘날 어느 누가 시장으로 와도 마음대로 못 했을 겁니다. 보상도 그렇고, 국회에서도 반대가 심했겠죠. 그냥 타이밍이 참 좋았던 것 같아요.

버지니아 레스톤에서 영감을 얻어서 세운상가 건설

이번에는 세운상가에 대해서 여쭤볼게요. 최초 서울시 도시계획에 세운상가는 없었나요?

세운상가도 8·15전시회 당시에는 발표가 안 됐어요. 왜냐하면 그때 거기는 무허가 판자촌 사창가였거든요. 그래서 철거 대상은 됐지만 세부계획은 안 나왔던 시기였어요. 1966년 11월이었어요. 8·15전시회를 끝내니까 박정희 대통령이 김현옥 시장이랑 저를 불렀어요. 갔더니 박 대통령께서 김 시장한테 저랑 한 달 동안 외국 도시들을 좀 보고 오라고 해요. 그런데 그때 뭐 돈이 있어야죠. 다행히 아시아재단[9]하고 제가 잘 통할 때라서 재단에서 돈을 다 대줬어요. 덕분에 다녀올 수 있었고요. 그러면서 세운상가 아이디어가 나왔어요. 실무자들은 잘 모를 거예요.

관련 책이나 논문을 보면 김수근[10] 건축가의 제안으로 계획이 세워졌다고 알고 있는데요. 부시장님의 아이디어에서 나왔던 건가요?

사실은 제가 쓴 책에 나와요.[11] 버지니아에 가면 레스톤이라고 있어요. 미국의 유명한 도시 모델이에요. 부동산 개발업자인 로버트 E. 사이먼Robert E. Simon이 만들었어요. 가서 보면 사람과 자동차를 완전히 구분해 놨어요. 영어로 R, E, S, T, O, N이에요. R은 로버트, E는 그 사람의 미들네임이에요. 그리고 S는 사이먼, 로버트 E. 사이먼이죠. T.O.N은 타운이에요. 톤이라고 불렀어요.

---

9 아시아재단은 6·25전쟁 당시인 1951년 캘리포니아에서 민간 비영리 기구로 창설되었다. 아시아의 발전을 비롯해 미국과의 상호이해와 우호에 크게 기여하는 것을 목적으로 설립되었다. 최초 명칭은 자유아시아위원회(CFA)였다. 이후 1954년 아시아재단으로 변경되었다. 한국지부는 아시아재단이 최초로 설립한 지부 중 하나였다. 전후 복구 중이었던 한국의 당면한 여러 문제를 해결하기 위한 사업을 진행하였다.

10 김수근(1931~1986)은 1950년 서울대학교 건축공학과에 입학하였고, 6·25전쟁 중 일본으로 건너가 도쿄예술대학 건축학과를 졸업하였다. 이후 도쿄대학교 대학원에서 박사과정을 수료한 뒤 귀국하였고, 1961년 김수근 건축연구소를 열었다. 자유센터(1963년), 정동빌딩(1965년), 한국과학기술연구소 본관(1967년), 한국일보 사옥(1965년), 부여박물관(1967년), 세운상가(1968년), 치안본부 대공분실(1976년), 올림픽 주경기장과 체조·수영·사이클경기장(1986년) 등을 설계하였다.

11 세운상가의 건설은 종로 일대의 정리 작업의 일환으로 시행되었다. 하지만 서울시의 재정으로 감당할 수 없었기 때문에 민자유치를 통해 이루어졌다. 세운상가 일대는 일제말기 공습에 대비한 소개 도로 건설을 위한 공유지였다. 때문에 민간 투자자들에게 토지에 대한 부담을 주지 않고 수익성 있는 구조물을 세워 그들에게 이익이 돌아가도록 하는 방식이 가능하였다. 서울시는 그에 따른 개발 효과를 얻을 수 있었다. 이에 대해서는 차일석, 앞의 책, 2005 참조.

거기에 김현옥 시장을 모시고 갔어요. 1950~1960년대 제가 공부할 때 가장 이상적인 도시였어요. 사람하고 자동차하고 완전히 구분해 놨죠. 그러니까 거기 사람들은 아이들을 데리고 마음 놓고 다니는 겁니다. 자동차도 그렇고, 자전거도 거기 못 다녀요. 다 걸어 다니고 자동차하고 자전거는 지하보도가 있어서 밑에서 다녀요. 그리고 시장에 간다든가, 극장에 간다든가, 가게에 간다든가, 사람들은 다 위에서 다닙니다.

김현옥 시장한테 이게 미래의 도시라고 소개했죠. 다시 서울로 돌아와서 세운상가를 만들었던 거죠. 세운상가 정문 앞 폭이 50m입니다. 그때는 거기가 사창가였어요. 그래서 제가 김 시장한테 "우리가 미국에서 봤던 레스톤보다는 좁으니까, 이걸 입체적으로 올려버립시다."라고 해서 위로 확장했어요. 레스톤은 수평이니까 우리는 수직으로 올려 공중으로 확장하는 게 딱 생각난 거죠. 세운상가 터가 개인 땅이 아니라 국가 소유였어요. 시유지여서 우리가 마음대로 할 수 있었죠. 세운상가부터 지금의 진양상가까지 이어지는 1.2km 구간이 주상복합상가였죠. 아마 세계에도 없을 거예요. 하와이의 알라모아나 쇼핑센터Alamoana Shopping Center가 꽤 길지만 세운상가만큼 못 해요.

제가 그 아이디어를 일주일 안에 만들고 나서 김수근 씨한테 전화를 했어요. "오늘 저녁에 만나자. 당신한테 좋은 일이니까 와달라."라고 말이에요. 일단 만나서 이야기를 했어요. 사람과 자동차가 완전히 구분돼서 사람 중심으로 사는 도시를 만들자고 말이에요. 영화관도 갈 수 있고, 사우나도 갈 수 있고, 볼링도 할 수 있고, 실내에서 테니스도 할 수 있게 만들자고 했죠. 그랬더니 그 사람이 잘 적었어요. 지금도 누가 아이디어를 냈는지 서울시 공무원들은 잘 몰라요. 왜냐하면 소문이 새면 안 되니까요. 세운상가 같이 큰 프로젝트는 많은 사람이 알면 안 됩니다. 아는 사람만 알아서 설계하고 한번에 발표해야 하거든요.

특히 거기 주변에 사창가도 있고 하니까 반발이 커요. 행정하는 사람들, 소위 정책 수립하는 사람들은 모든 차원에서 생각을 해야 합니다. 장점이 무엇인지, 단점이 무엇인지, 그리고 거기에

세운상가(1968년)

소요되는 예산이나 시민들의 참여, 언론이 우리를 뒷받침해 줄 것인지, 그런 것까지 다 생각해야 해요.

여론을 의식해야 해요. 그게 민주주의입니다. 국민이나 시민이 반대해서는 안 되거든요. 설득시켜서 이해가 갈 때 하는 겁니다. 여론이 괜찮다 할 때는 사람들이 생각할 겨를이 없이 과감하게 밀고 나가야 합니다. 성공의 비결이 그거였어요. 이랬다저랬다 하면 때를 놓치거든요. 원래 20년에 걸쳐서 할 일을 우리는 김현옥 시장 4년 동안에 해 버렸던 거예요.

박 대통령, 설계도면 보고 즉석에서 재가

김수근 건축가와는 어떻게 만나게 되었나요?

제가 서울시 올 때 국장들한테 도시계획을 잘 알만한 건축가를 알아봐달라고 했거든요. 그때 몇 사람 만나봤는데 가장 마음이 통한 사람이었어요. 일본 동경대를 나왔고, 생각이 저하고 비슷한 데가 굉장히 많았어요. 그래서 일이 있으면 김수근 씨를 불렀어요. 나중에 김 시장이 저보고 둘이 처남관계냐고 묻더라고요. 물론 아무 관계도 아니죠. 그러니까 만났죠. 그분한테 여의도 설계도 줬고, 삼일고가도로 설계도 줬어요. 우리가 원하는 아이디어를 그대로 살려줬거든요.

세운상가 계획에 대해서 김수근 선생의 반응은 어땠나요?

이 사람은 동경대에서 공부했는데 마인드가 서양식이었어요. 서양 사람들 책을 많이 본 것 같아요. 이스라엘이나 유럽 쪽 감각을 많이 알더라고요. 콘크리트로 하는 걸 잘해요. 집을 지으면 다른 건축물하고 딱 달라요. 특색이 있더라고요. 그리고 대화가 잘 돼요. 그냥 알아듣고 스케치를 그리고 보여주면서 "혹시 이거 아닙니까?"라고 하면, 제가 "아니, 조금 이렇게 해서 이거다."

공사 중인 세운상가 전경(1968년)

라고 말해 줘요. 미술가예요. 세운상가 그림도 잘 그렸어요. 스케치북에 완벽하게 그려서 내일 아침까지 좀 갖다 달라고 하니까 밤새도록 그려서 보여줬어요. 그래서 김현옥 시장한테 "바로 이겁니다."라고 보여줬죠. 김 시장이 쭉 보더니 청와대로 연락을 하더라고요.

보자마자 바로 청와대로 연락한 거네요.

네, 맞아요. 그길로 청와대에 갔어요. 제가 대통령 앞에서 브리핑하니까 이거 좋은 아이디어라고 칭찬하더라고요. 김현옥 시장은 머리가 빨랐어요. 그 자리에서 "각하, 사인해 주세요."라고 했죠. 그래서 그 자리에서 결재를 맡았어요. 물론 세운상가 같은 건 서울시 전결 사항이었지만 문화재 문제나 건설부에서 말이 많을 수 있으니까 대통령한테 미리 결재를 받아버렸죠. 세금이나 민자 유치 같은 것도 나중에 가면 말이 많아지거든요.

현대건설이 민자로 세운상가 건설 착수

세운상가가 민자유치 첫 사업인 걸로 알고 있는데요.

맞아요. 차관이 아니라 민자로 했지요. 현대건설이 자기들한테 정문 쪽을 달라고 하면서 자기들 자금으로 다 한 거예요. 민자사업이죠. 원래 우리는 세금을 가지고 하잖아요. 우리가 낸 돈을 가지고 길도 닦고, 포장도 하고, 상하수도 업무도 하죠. 그런데 미국식은 국가 예산 이외에 민자를 유치해요. 투자한 사람도 이익을 보고, 나라도 이익을 보는 거죠. 그게 전형적인 종합계획이라는 거예요. 민자사업으로서 성공한 케이스였죠.

그리고 우리는 돈이 없잖아요. 서울시가 뭘 가지고 짓겠어요? 현대건설 이외에도 대림·삼부·삼풍 같은 큰 업자들을 불러놓고 "당신들, 땅을 우리가 제공할 테니 여기다가 당신들이 이 설계대로 만들어라."라고 하는 거죠.

부지는 국공유지였나요?

그렇죠. 사유지는 없었어요. 그래서 건설이 잘된 거예요.

그러면 현대건설이 제일 먼저 세운상가를 짓고 난 다음에, 다른 회사들이 "이거면 돈이 되겠다."라고 하면서 계속 추가로 들어온 건가요?

아니요. 처음부터 다른 건설사들까지 전부 참여했어요. 처음에 우리가 공고를 했어요. 참여할 사람은 참여하라고 했어요. 일단 설계는 김수근 씨가 다 했어요. 그 안에 칸막이를 어떻게 할 건지는 업자들이 했죠. 어쨌든 상가의 모체는 김수근 씨가 설계한 겁니다.

거기서 제가 딱 느꼈어요. 민자를 유치해야 한다는 것을 말이죠. 예를 들면 강변도로 만들면서 서부이촌동 땅이 12만 평이나 나왔어요. 그거를 평당 2만 원 받고 팔았죠. 그러니 24억이 나오더라고요. 자금이 생겼어요. 그걸 가지고 여의도건설을 시작한 거예요. 관청이라 해서 비즈니스를 하지 말라는 법은 없거든요. 미국을 가보면 알 수 있어요. 장사꾼만 사업하는 게 아닙니다. 세금만 가지고 국가를 운영하고 도시를 운영한다는 것은 옛날 사고방식이에요.

그렇다면 8·15전시회 무렵부터 사업을 통해 예산을 확보할 수 있다는 생각을 하셨던 건가요?

새로운 시가지가 생긴 뒤에 구획정리를 하면 공터가 생겨요. 그러면 우리가 다 개발해 주고 길을 다 내주고, 공원용지랑 학교부지 등등, 이런 것들을 다 떼어요. 그러면 30%에서 40% 정도 남아요. 우리가 이거를 팔아서 공사비로 충당하는 거죠.

구획정리나 체비지 매각은 일제강점기부터도 있지 않았나요?

그때부터 이런 방식을 하긴 했지만 그렇게 많이는 안 했어요.

그런데 실제 체비지를 매각하는 것은 이해관계가 복잡하니까 쉽게 될 문제가 아니었을 것 같아요.

그렇죠. 그러니까 서울시가 복마전伏魔殿이라는 말을 들었지요.

김현옥 시장과 상의해서 세운상가의 이름 결정

세운상가의 작명은 김현옥 시장이 언제 했나요?

김현옥 시장이 이제 이름을 짓는데요. 저한테 물어보더라고요. "차 부시장, 이름을 뭐라고 할까?"라고요. 아는 사람들하고 의논해 봤다면서 몇 개 말하더라고요. 그래서 제가 "시장님, '세운世運'이 좋습니다. '세운'으로 합시다."라고 했죠. 간단하게 결정했어요. 복잡하게 연구할 것도 아니었으니까요.

세운상가 입주 당시 유명인들도 많이 들어오려고 했다고 알고 있는데요. 그때 뭐 입주 청탁 같은 것은 없었나요?

말도 마세요. 아주 혼났어요. 그때 저는 도망 다녔어요. 국회의원이랑 권력층에서 우리한테 뭐해 달라고 하도 부탁해서 말이에요. 그래서 "아유, 난 그런 거 안 해요."라고 하면서 피해 다녔어요. 저는 전혀 그런 데 관여 안 했어요. 누구는 봐주고, 누구는 안 봐주고, 제 성격에 안 맞는 일이에요.

입주는 원래 건설사에서 관장하지 않나요?

건설사가 담당하지만 아무래도 서울시에서 부탁하면 건설사에서는 또 들어줄 수밖에 없죠.

세운상가 건설을 통해서 서울시가 예산을 얼마큼 확보할 수 있었나요? 혹은 국공유지를 무상 제공한 것이니까 건설사가 몇 년 후에 기부채납을 해야 한다는 조건 같은 건 없었나요?

자세한 것은 기억나지 않아요. 어쨌든 그런 기브 앤 테이크give and take는 없었던 것 같아요. 그냥 줄 수는 없으니까 뭔가 있기는 있었을 것 같아요. 돈과 관련된 것은 제가 터치를 안 했거든요. 그 분야를 다루는 것은 재무 담당이었으니까요. 저는 개발하는 사람이고요. 그리고 설사 있어도 "야, 그거는 재무국에서 알아서 하라고 해. 나는 노터치다."라고 그랬어요.

삼일고가도로 건설 시 마루베니상사를 통해 차관을 얻어내

그러면 세운상가 이후에 민자사업이 확대되었나요?

그러진 않았어요. 사람들이 별로 관심이 없었어요. 자기에게 뭔가 생겨야지 관심을 갖거든요. 서울시에 무슨 이익이 생긴다고 해도 제가 볼 때는 관심이 없는 것 같아요. 물론 차관사업은 많이 했어요. 삼일고가도로 같은 건 차관으로 했지요. 제가 일본 야하타제철소[八幡製鉄所]를 유치했어요. 국제 가격보다 싸게 들여왔지요. 제가 혼자 하면 오해받을까 싶어서 청와대에 있는 서울

삼일고가도로(1969년)

시담당 비서관이었던 박동윤 씨랑 같이 갔어요.

부시장님께서 직접 차관을 받으러 가는 건가요?

일단 무역회사를 통해서 차관을 받아요. 마루베니[丸紅] 상사였어요. 일본의 무역회사예요. 그 회사를 통해서 받는 거였어요.[12]

12 마루베니상사는 일본의 무역회사이다. 1918년 이토추[伊藤忠]상사로 시작하였다. 초기에는 직물무역회사로 시작하였으며, 1949년 마루베니상사로 개칭하였다. 1960년

오래전 일이라서 제가 자세한 건 기억이 잘 안 나네요. 어쨌든 야하타제철이었어요. 지금은 신일본제철新日本製鐵일 거예요.[13]

그때 싸게 들여오니까 나중에 다른 부처들한테 문제가 됐어요. 서울시는 싸게 수입을 했는데 왜 건설부는 더 비싸게 돈을 줬느냐고 말이에요.

현물차관이었나요?

그렇죠.

부시장님이 일본 기업 쪽하고 어떤 루트가 있으셨던 건가요?

그런 건 없었어요. 제가 미국에 오래 있었기 때문에 아는 사람이 별로 없었어요. 서울시 국장이나 과장들한테 물어봤죠. 시장님한테도 물어보고요. 그렇게 해서 누구누구를 소개받았어요. 그런 사람들을 통해서 만나는 거죠. 자기들도 돈 버는 거죠. 부스러기라도 먹을 수 있으니까요. 그렇게 이뤄지는 거였죠.

당시 일본에서도 이렇게 낮은 가격으로 줘도 괜찮은지 자신

한국에서 수출입 업무를 주관하는 마루베니 서울주재원 연락사무소를 개설하였으며, 1967년 서울지점을 세웠다.

13 신일본제철은 일본 철강업체이다. 1901년 관영 야와타세철소로 시작하였다. 1934년부터 민영제철소에 대한 기업정리작업을 통해 세워진 일본제철(日本製鐵)로 이어진다. 제2차 세계대전 이후 야하타제철이 되었고, 1970년 신일본제철(新日本製鐵)로 개편되었다.

이 없다고 하더라고요. 자신들도 그 정도의 권한은 없다고 말이에요. 저보고 야하타 사장을 만나서 담판을 지어달라고 그러더라고요. 그래서 일본에 갔던 거였어요. 그게 1968년이었어요.

당시 서울시는 복마전, 부패 연루 안 되도록 철저하게 관리

아까 말씀하실 때 "혼자 가면 오해를 산다."라고 하셨는데요. 당시 그런 의혹 사건들이 많아서 습관적으로 몸을 조심하신 거 아닌가 싶은 생각이 들어요.

당시 서울시가 복마전이었어요. 그리고 제가 연세대에 있을 때 논문을 발표했어요. 대한민국 공무원의 부패 상황에 대한 논문이었죠.[14] 앙케트를 만들어서 대학원생들을 시켜서 업자들을 찾아다니면서 공무원을 어떤 식으로 매도·매수를 하는지를 물어봤어요. 그 사람들이 그러더래요. 공무원 방에 가서 책상 서랍에다가 봉투를 다 집어넣는대요. 공무원한테 그런 식으로 용돈 좀 쓰라고 직접 서랍을 열어서 그 안에 넣고 온대요.

---

14 1966년 발표한 〈한국공무원의 생태에 관한 연구〉는 공무원의 비위 행위와 부패 실태를 고찰하고 그 원인에 대한 분석을 담고 있다(차일석, 〈한국공무원의 생태에 관한 연구〉, 《연세논총》 4-1, 1966).

그래서 저는 부시장 취임사 할 때도 우리 집에 찾아온 공무원들은 불이익을 당할 거다. 아무도 찾아오지 말라고 그랬어요. 그리고 부시장 발령을 받자마자 제 방에 서랍이 있는 책상을 없애버렸어요. 노력을 한 거죠. 제가 무슨 자랑삼아서 한 것은 아니었죠. 대학에 있으면서 부패 상황을 봤으니까요.

나중에 전두환 정권 때 제 뒷조사까지 다 했어요. 혹시 제가 강남에 땅은 안 사다 놨는지 다 조사했어요. 실제로 시청에 있던 다른 몇몇 사람들은 구속됐어요. 그게 다 욕심 때문에 그래요. 물론 개인적으로 따지면 제가 부유한 집안에서 태어나서 돈에 대한 욕심이 없을 수도 있어요. 유학도 다녀왔고요. 아내도 무남독녀고 장인께서도 은행장을 해서 처가 쪽도 돈에 대한 유혹이 없었거든요. 그런 거 보면 환경이 참 좋았다고 볼 수 있어요.

도로확장공사는 구청 간 경쟁 유도

삼일고가도로는 마스터플랜 안에 없었던 건가요?

삼일고가도로는 처음에 없었어요. 기본계획은 전반적인 거죠. 일일이 세부까지 안 나와요. 나중에 1967년에 청계천 길을 넓히면서 구체적으로 나왔어요. 세종로는 100m, 종로·을지로·퇴계로는 50m고요. 그때 구청장마다 시합을 시켰어요. 길을 넓히지 못하면 (담당 구청장은) 연말에 그만두는 거라고 했죠. 구청에다 보상금 얼마 내려주고 맡겼어요. 다들 죽을 지경이었어요. 그런데 지금 가만히 생각해 보면 그때 구청장 중에 육사 8기생들이 많았어요. 군인들이니까 명령 계통에 있어서 일하기가 참 좋았어요. 제가 군 출신도 아닌데 말이죠. 그렇게 도로공사가 동시에 진행된 거죠.

주한미군은 청계천 복개도로 폭발을 우려해 주행 기피

당시 대표적인 사업 가운데 청계천 공사도 있었죠?

그렇죠. 대표적인 것 가운데 하나가 청계천이었죠. 당시에 종로, 청계천, 을지로, 퇴계로까지 걸쳐 있었거든요. 이걸 복개해서 도로를 만들자고 했어요. 서울시에는 마스터플랜 자체를 동서로 계획했었거든요. 동쪽은 천호동, 서쪽은 연희동과 수색동이고요. 그 가운데 청계천도 복개시켜서 하나의 도로로 생각한 거죠. 그런데 복개를 하고 나니까 미군들은 일절 안 다닌다고 그래요. 그래서 제가 미국 공병대장을 만나서 물어보니까 언제 도로가 폭발할지 모른다고 하더라고요.

청계천 복개구간과 미복개 구간(1970년)

무너지는 게 아니라 폭발할 수도 있다고요?

복개한 곳 아래에서 언제 가스가 터질지 모른대요. 제가 그 말을 듣고 건설국장한테 물어보니까 그럴 가능성이 있다고 보고를 했어요. 에어쿨러가 안 되어 있다고 해요. 그래서 나중에는 구멍을 뚫고 복개를 했어요. 바람이 나갈 수 있도록 말이죠.

삼일고가는 큰 반대 없어, 미래에 대한 기대 클 때

당시에는 자동차도 그렇게 많지 않았던 시절이었는데요. 고가도로를 놓는다고 했을 때 반응들이 어땠나요?

반대는 별로 없었어요. 정확히 말하자면 아는 사람이 없었어요. 제가 행운아였죠. 반대할 만한 사람이 있어도 뭘 알아야 반대를 하죠. "우리는 지금 미래를 바라보고 간다. 경부고속도로도 생기고, 조금 있으면 우리가 자동차를 만든다. 지금 안 만들면 언제 만들겠냐?"라고 말했죠. 미래를 대비하기 위해서 만드는 거라고요. 다들 할 말이 없는 겁니다.

온통 파헤쳤죠. 다들 '진짜 뭐가 바뀌는구나.'라고 생각했어요. 그러니까 오죽하면 〈돌아가는 삼각지〉라는 노래가 나오지 않겠어요? 그리고 〈제3한강교〉, 그다음에 〈아름답다 서울〉, 〈서울에서 삽시다〉, 〈서울의 찬가〉까지 우리가 건설을 너무 많이 하니까 가수들도 그런 노래를 불렀던 거예요. 지금은 그런 노래가 하나도 없죠.

와우아파트 공사를 구청에 맡긴 것은 잘못

공사할 때 주민들의 반대는 없었나요?

당시는 전부 판자촌이었죠. 제가 귀국해서 가장 인상 깊었던 것이 판자촌들이었어요. 김포, 신촌, 이대 앞이 모두 판자촌이었어요. 그래서 제가 아버님한테 "이렇게 판자촌이 많은지 몰랐습니다."라고 했더니. "야, 그건 아무것도 아니야. 시내 들어가 봐라, 더 심해."라고 하시더라고요. 청계천은 완전히 판자촌이고요.

철거는 구청이 담당했나요?

네, 구청장 책임으로 해요. 지휘는 본청에서 하고요. 돈도 본청에서 미리 내려보내요. 물론 지금과 달리 본청이나 구청이나 거의 똑같은 지휘계통이었어요. 구청에서 이거 못하겠다고 버티거나 그런 건 없었어요. 삼일고가도로 건설할 때도 주변 판잣집들 철거를 중구청에서 했지만 중구청은 서울시청의 한 부서로서 일을 했던 거죠. 예를 들면 와우아파트[15]는 서울시가 구청장한테

15 와우아파트는 1969년 6월 착공해 그해 12월 준공하였고, 4개월만인 1970년 4월 8일 붕괴하였다. 붕괴의 원인은 지나치게 낮은 시공비, 짧은 공기, 부적절한 시공업체, 공무원들의 비리 등이 총체적으로 결합한 결과였다. 와우아파트는 붕괴 이전에 이미 여러 차례 균열과 흙벽이 떨어지는 등 붕괴 조짐이 나타났다. 서울시는 현장진단을 했으나 무너질 우려가 없다는 판단을 내린다. 결국 주민 대피는 이루어지지 않았다. 이

맡겼어요. 구청장이 알아서 하라고요. 그거는 제가 볼 때 우리 실수였어요. 그런 사업은 구청에서 하면 안 되는 거였어요. 구청에는 설계나 시공을 감독할 만한 사람이 없었거든요.

청계천 무허가 건물 철거 때 직접 주민들 설득 나서

청계천 철거 때 기억나는 일이 있으신가요?

청계천 철거할 때 제일 어려웠던 일이 보상비를 주는 거였어요. 그 사람들을 길에다 버릴 수 없잖아요. 제가 지금 기억하기로는 세대당 10평을 줬어요. 그리고 돈 얼마씩 주고요. 기본원칙이 있었어요. 덮어놓고 그냥 철거하지 않았어요. 그러다가는 큰일 나거든요. 그리고 거기 있는 몇 분들 설득도 시키고요.

부시장님이 직접 설득에 나가보신 적도 있으세요?

그럼요. 제가 가서 설득시키기도 했어요. 여기다 불러다 놓고 말이에요. "우리가 언제까지 이렇게 살아야 하느냐? 우리가 일등 국민이 되기 위해서는 여기가 발전해야 하지 않겠느냐?"라고 말

사고로 아파트 주민 33명이 숨지고 38명이 다쳤으며 김현옥 시장도 물러나게 되었다.

청계천 주변 무허가 건물 철거 현장(1968년)

이에요. 그렇게 자꾸 설득하니까 먹히더라고요. 대표들이 시청에 오기도 했어요. 그때는 제가 젊었으니까 견뎌냈던 거죠. 지금 나이 같아서는 밑에 사람들한테 알아서 하라고 손사래 쳤을 거예요.

당시 서울시에서 공사가 많았는데요. 철거민 같은 분들이 찾아오는 일이 자주 있었나요?

많았지요. 꽹과리도 치고, 또 그걸 이용하려는 사람들도 있었어요. 돈 많이 받아내려고요. 별별 종류가 많았어요. 그런데 우리도 그걸 아니까요. 사전에 정보를 다 입수해서 우리가 봐줄 건 봐주기도 했어요. 기브 앤 테이크죠. 하나의 행정적 예술이라고 할까요?

부시장님께서는 보통 공사할 때 얼마나 자주 현장에 나가보세요?

자주 가죠. 구청장도 많이 만나고요. 일하는데 구청장이 안 도와주면 일이 안 되거든요. 제가 가서 구청장 격려해 주고 이러이러한 애로사항이 있으면 도와주겠다고 말해주고요. 혼자 하는 건 아니거든요.

'잘 살아 보세' 염원으로 다 함께 노력

당시 구청장 중에 군 출신이 많았다고 하셨는데요. 일반 서울시 공무원들과의 관계는 어땠나요?

군 출신들이 많았어요. 저도 6·25전쟁 참전 용사였어요. 군대에 있다가 미국을 갔거든요. 행정 스타일이 다를 수도 있겠지만 성격 나름인 거죠. 그리고 그때는 모두가 '잘 살아보자.', '건설하자.'라고 했던 시대였으니까요. 일단 1960년대니까 박 대통령이 유신을 선포했던 시기도 아니었거든요. 5·16군사정변 직후였죠. 오직 '잘 살아 보자.'라고 하면서 새마을운동하던 시대였죠.

대통령에 대한 신뢰도 있었고, 다 같이 고생한다는 일종의 공동체 의식도 살아있을 때였네요.

그렇죠.

오스왈드 네글러, 아시아재단 주선으로 서울시 도시계획 참여

그런데 궁금한 것이 생깁니다. 그렇다면 광복 이후에 〈대서울도시기본계획〉이 세워지기 이전까지 서울시의 도시계획은 입안되거나 실시된 것이 없었나요?

종합적인 계획은 전혀 없었어요. 제가 미국식 종합계획을 최초로 소개한 겁니다.

서울시에서 도시 전반의 마스터플랜과 관련된 공부를 하거나 경험을 했던 사람이 부시장님 딱 한 분만 계셨던 건가요?

제가 시청에 들어갔을 때에 미국식 공부를 한 사람은 저 혼자였어요.

미국이나 다른 외국에서 온 전문가는 없었나요?

제가 부시장으로 오기 이전, 그러니까 연세대에 있을 때 아시아재단에서 저를 초청한 적이 있어요. 1962년이었어요. 홍콩의 카올룽Kowloon, 구룡반도죠. 거기에 신시가지 계획을 세울 당시 재단에서 같이 일하면서 경험을 쌓으면 어떻겠냐고 연락이 왔어요. 그래서 겨울방학 중에 한 달 반 정도 가서 도와준 적이 있었어요.

제가 부시장이 된 다음에 재단에 요청을 했어요. 그 분야에 경험 있는 건축가 하나를 소개해 줬으면 좋겠다고 했어요. 당시 재단의 아시아 파운데이션Asia Foundation이 미스터 슈타인버그Mr. Steinberg 씨였어요. 책임자나 지부장이라고 해야겠죠. 그때 네글러Oswald Nagler 박사[16]를 소개받았어요.

네글러 박사는 서울시에서 따로 직책이 있었나요?

그렇지는 않았어요. 돈은 아시아재단에서 내고, 우리는 방을 제공했죠. 네글러가 뉴욕시의 도시계획을 맡았던 건축가였어요. 뉴욕의 슬럼가를 정리하고 거기다가 새로 아파트 짓는 일을 했거든요. 경험 있는 건축가였죠. 전문가예요. 저는 바쁘니까 다른 과장이랑

---

16 오스왈드 네글러(Oswald Nagler)는 미국의 도시계획가이다. 하버드대학을 졸업하고 미얀마, 아프가니스탄 등의 아시아 국가들의 원조프로그램을 위해 아시아재단 소속 건축자문가로 활동하였다. 한국은 1965~1967년 그를 초청하여 건설부 산하 주택·도시 및 지역계획연구실(HURPI ·MOC, Housing, Urban and Regional Planning Institute)을 설립하였다. 그리고 서울을 비롯한 국내 주요 도시에 대한 주거계획, 도시재개발계획, 신도시지역계획 등을 제안하였다(강난형, 〈1960년대 서울의 시범도시계획에 대한 연구 -「Asia Foundation Records 1951-1996」 자료를 중심으로 -〉《서울학연구》 78, 2020).

묶어서 함께 일하게 해줬죠. 저는 뛰어다녀야 하니까 같이 얘기할 시간이 없었고요.

그리고 그때 서울시에는 이 분야에 대해서 공부한 사람이 없어요. 토목이나 건축을 전공한 사람은 있지만 도시계획 분야를 공부한 사람은 없었어요. 이거는 사회학적인 측면, 건축학적인 측면, 토목학적인 측면, 지질학적인 측면을 종합적으로 검토해야 해요. 덮어놓고 그냥 땅에다 집 짓는 게 아니거든요. 그래서 도시계획을 영어로 컴프리핸시브 마스터 플랜comprehensive master plan이라고 하죠.

종합적으로 된 마스터플랜인 거예요. 기한은 20년입니다. 우리가 1966년에 계획을 세울 때 제가 올림픽경기장도 집어넣었어요. 일본이 제2차 세계대전 후에 올림픽을 주최했거든요. 우리라고 왜 못 하겠어요? 해야죠. 그때 박정희 대통령은 "올림픽경기장?"이라고 물었어요. 그래서 제가 "각하, 일본은 제2차 세계대전에서 패망했습니다. 그러나 올림픽을 치렀

《서울도시기본계획 '66》 표지

습니다. 그것도 성공적으로 치렀습니다. 우리라고 왜 못합니까?" 라고 했죠. 제가 그러니까 빙긋이 웃으시더라고요. 그때 우리가 올림픽 부지 안 잡아놨으면 1988년도에 어떻게 할 뻔했어요?[17]

창녀촌 여성들, 영등포 부녀보호소로 보내

세운상가 쪽도 판자촌 철거 이전에 미리 현장 답사를 하셨던 거죠?

당시 판자촌이 정말 문제였어요. 서울역 앞, 종로3가 등 완전 창녀촌이에요. 도시 가장 중심지에 창녀촌이 있다는 거 자체가 자랑스러운 게 아니잖아요. 물론 그 사람들은 직업이 없으니까 먹

17 1966년 8·15전시회의 안내서를 보면 1번부터 24번까지 번호별로 각 전시장에 있는 다양한 계획안을 설명하였다. 그중 19번이 종합경기장계획이다. 이러한 구상은 강남 일대를 부도심으로 개발하면서 조성된 잠실지구의 토지구획정리 사업을 통해 가능해졌다. 그것에 대한 본격적인 계획의 수립은 1970년 잠실지구 일대에 국제 수준의 경기장 시설과 도시 주거지를 조성하는 것을 골자로 하는 〈잠실지구 종합개발계획〉을 통해서였다. 그리고 1973년 잠실지구 토지구획정리사업이 추진되면서 약 33만 ㎡(10만 평) 매립지를 체비지로 확보할 수 있었다. 이러한 잠실종합운동장에 대한 계획은 1970년 잠실지구 종합개발의 부분계획으로 〈공공경기장 시설계획〉이 수립되고, 1973년 건축가인 김수근에게 기본 구상을 의뢰하여 첫 시안을 마련하였다. 이후 1975년 〈잠실종합운동장 종합계획 설계〉를 중심으로 세부적인 시설 종류와 배치가 일부 수정되었고, 1976년 〈잠실종합대운동장 건설 현상설계〉를 시행하였다. 1981년 제24회 서울올림픽대회가 확정되면서 1982년 체육부가 제출한 종합계획을 통해 잠실종합운동장과 올림픽공원에 각각 들어서게 될 경기장 시설이 확정되었다(서울역사편찬원, 《서울도시계획사》 3, 2021).

고살기 위해서 몸을 팔았죠. 이거를 없애도 그 여자들이 새로운 일자리를 구하거나 새로운 생활을 할 수 있는 형편은 아니었어요. 그렇지만 어쨌든 없애자고 했어요. 대신에 영등포에 있는 부녀보호소로 보내기로 했어요. 거기서 직업교육을 시키는 거죠. 미장원 같은 거요. 그래서 그 일로 나간 사람도 있었고, 다시 도망가는 사람도 있고 그랬죠.

박정희 대통령, 서울시 공사 관심 높아 기공식에 꼬박 참석

당시에는 지방자치제가 아니었기 때문에 서울시 도시계획은 서울시 차원이 아니라 정부 차원에서 추진했을 것 같아요. 그런 계획이 대통령의 관심 사항이었나요?

마스터플랜을 만들고 박정희 대통령이 가끔 저녁 먹을 때 우리를 불러요, 김현옥 시장하고 저하고요. 어느 때는 저 혼자 부를 때도 있어요. 그때 박 대통령은 일밖에 모를 때입니다. 10월 유신 이전이었으니까요. 당시 저는 굉장히 보람을 느꼈어요. '이런 사람 밑에서 나도 국가를 위해서 뭔가 봉사하는구나.'라고 말이에요.

언젠가는 제가 작업복을 입고 다니니까 박 대통령이 저보고 "미국에서 공부한 사람이 작업복 입고 다니면 좀 이상하다." 그러는 거예요. 그래서 제가 "각하, 일할 때는 이거 입고 일하는 겁니다. 미국 사람들 보세요. 백날 넥타이만 매지는 않습니다. 넥타이 맬 때도 있고, 넥타이 안 맬 때도 많습니다."라고 그랬죠. 참 인간적이에요. 나중에 대통령이 독재도 했지만요. 지금도 저는 그렇게 생각해요. '어째서 저 사람이 그 후에 독재를 했을까?'라고 말이에요.

김현옥 시장, 뉴욕의 일직선 도로체계에 감동

앞서 세운상가 계획을 세울 당시 김현옥 시장과 함께 해외 순방 가셨다고 했는데요. 당시 김현옥 시장은 어떤 도시에서 자극을 받았나요?

뉴욕이죠. 제가 뉴욕에서 8년간 도시계획을 공부했잖아요. 안내원이 필요 없죠. 저만큼 안내 잘해 주는 사람이 누가 있겠어요? 뉴욕은 도로가 기가 막히게 잘되어 있거든요. 저녁에 택시를 타고 강변도로 한 바퀴를 싹 돌면 알아요.

김 시장이 뉴욕에서 가장 감명 있게 본 것이 도로에요. 도로가 일직선으로 돼 있고 초록색 라이트가 비치면 그냥 그대로 달려요. 그렇게 쭉 가면 빨간 신호등이 초록색으로 변해요. 이분이 그걸 보고 감탄한 거예요. 도로 관리, 소위 라이팅 시스템lighting system이 과학적으로 참 잘 돼 있다는 걸 느낀 거예요. 길만 잘 만

오늘날의 뉴욕 전경

들면 뭐해요? 사람이 거기 건너다니잖아요. 관리를 잘해야죠. 도시행정 매니지먼트라는 것이죠.

제가 도시행정을 전공하면서 도시의 조직 관리를 어떻게 할 것인지, 인사관리를 어떻게 할 것인지, 그런 것도 있었지만 사회사업을 어떻게 할 것인지도 공부했어요. 청소나 쓰레기 수거 같은 업무죠. 가장 중요시하는 게 청소관리입니다. 뉴욕에서는 이걸 중요하게 여겨요.

뉴욕에서 청소 관련해서도 견학을 가셨나요?

아침 일찍 나가 보니까 청소하는 자동차가 있잖아요. 그걸 제가 김 시장한테 보여줬어요. 기계가 나가서 다 해요. 흙이고, 쓰레기고, 먼지 같은 거 다 치우거든요. 시장님은 처음 보는 거예요. 그래서 갔다 온 다음에 청소 일을 강화시켰죠. 예산도 많이 주고, 청소기계도 사라고 말이에요. 그래서 새나라자동차회사에 청소차 발주도 냈어요.

해외 순방을 하고 난 다음에는 도시계획에 대한 김현옥 시장의 이해가 굉장히 높아졌겠네요?

그렇죠.

서울 인구를 500만 명으로 예상해 간선도로 폭을 50m로 확정

당시 도시계획에서 길을 넓힌다고 했을 때 주변에서 의아하게 생각한 사람들은 없었나요? 당시에는 경제성장 이전이었고 자동차 대수도 적었으니까 50m, 100m로 넓히는 것은 상상도 할 수 없는 굉장히 큰 폭이잖아요. 일선 공무원들 반응이 어땠어요?

경제성장도 길을 넓히지 않고서는 아무것도 못 해요. 그때 간선도로가 8m랑 15m밖에 없었잖아요. 이거를 30m, 50m로 넓히고, 세종로는 100m로 넓히고 말이에요. 그때 안 했으면 지금 서울시는 굉장히 혼잡했을 거예요. 공무원들이 다들 저한테 물어봤어요. "자동차 수도 그렇게 많지 않은데 뭐 때문에 보상해가면서까지 넓혀야 합니까?"라고 말이에요. 참 이게 답변할 수가 없더라고요. 질문 자체가 미래를 내다볼 줄 모르는 거니까요.

도시계획이 20년 뒤를 예측해야 한다고 하셨는데요. 그러면 부시장님께서는 50m, 100m 도로가 전반적으로 활용되겠다고 생각했던 시점이 언제쯤이었나요?

일단 20년 뒤를 내다보고 했죠. 인구도 강북이 200만 명, 강남이 300만 명으로 생각했고요. 합쳐서 서울 인구가 500만 명이 됐을 때 그런 도로가 제대로 활용되겠다고 생각했던 거죠. 1966년에

경부고속도로 준공식(1970년)

계획을 발표할 때 500만이라고 했거든요. 그 정도면 충분하다고 생각했죠. 그리고 인구를 억제하기 위해서 전부 그린벨트로 묶어놨어요. 사람이 그 이상 모이지 않도록 말이에요. 만약에 많이 모이면 주변에 위성도시 만들면 되거든요. 예를 들어 일산이나 분당처럼 만들면 거기서 지하철 타고 오는 거죠. 그런데 나중에 보니까 그건 참 잘못한 거 같아요.

경부고속도로 사업 실시 직후 서울시에서 기술자 지원

그러면 경부고속도로를 건설하기 전에는 서울시에서 추진했던 건설들이 국가적으로 가장 큰 사업이었겠네요?

그렇죠. 경부고속도로도 서울시 도시개발 경험이 많은 도움이 되었어요. 1968년이었을 거예요. 강변도로를 완성하고 준공 테이프 끊고 시청으로 돌아왔을 때였어요. 그때 시장실에 박 대통령이랑 김 시장, 정일권 국무총리, 이후락, 박종규 씨 그리고 저까지 같이 모였어요. 거기서 대통령이 저한테 물어봤어요. "차 부시장, 이번에 강변도로가 km당 (예산이) 얼마 들었어?"라고요. 그래서 "1억 들었습니다."라고 대답했어요. 4차선 도로였어요. 그리고 이번에는 김 시장한테 물어봤어요. "서울에서 부산까지가 몇 km지?"라고요. 김 시장도 "약 430km입니다."라고 대답했어요. 그랬더니 박 대통령이 "그러면 430억이면 고속도로가 되겠군." 이라고 하더라고요.

그러니까 당시 박 대통령 머릿속에는 경부고속도로를 구상하고 있었다는 거네요.

네, 맞아요. 당시 박정희 대통령이 서독의 아우토반에 갔다 왔거든요. 아우토반은 스피드가 무제한입니다. 박 대통령이 깜짝 놀란 거예요. 히틀러가 전쟁 때 북유럽을 점령하기 위해서 특별히 아우토반을 만들었잖아요. 그때부터 고속도로에 대해서 생각을 하고 계셨던 거죠. 물론 그때 제가 말을 못 하고 속으로 끙끙거렸어요. 서울이랑 부산 사이에는 강도 있고, 산도 있잖아요. 토목공사만 생각하면 안 되죠. 터널이나 다리도 만들어야 하는데, 그거를 계산을 안 하고 간단하게 "430억이면 되겠다."라고 하시는 거예요.

저도 그때는 '고속도로를 생각하시는 거구나.'라고 가볍게 생각했어요. 그랬는데 대통령이 그 자리에서 김 시장한테 "서울시에서 이번에 강변도로 만든 기술자들 몇 사람 청와대로 파견해 줘."라고 했어요. 그렇게 해서 시청에 있는 토목 기술자들을 보내줬죠. 나중에 파견을 갔다 온 사람들이 저한테 보고도 했어요. 현대건설 기술자들도 몇 사람 와 있었어요.

당일 참석했던 정일권, 박종규, 이후락 씨 같은 사람들은 아무 얘기 없었나요?

그네들이 뭘 알아야 말을 하겠죠. 김 시장은 수송장교 출신이니까 도로에 대해서 말을 하겠지만, 나머지 사람들은 그 분야의 전문가가 아니니까요.

부시장으로 계셨을 때 하신 사업 중에 가장 보람 있었던 사업은 어떤 것이었나요?

여의도 건설과 강변도로를 만든 거였어요. 물론 가장 큰 것은 도시계획의 마스터플랜을 8월 15일에 발표한 것이고요. 강변도로 같은 경우에는 뉴욕의 리버사이드를 보고 계획한 거였어요. 여의도는 맨해튼을 생각한 거였고요.

여의도의 경우에는 다른 사람은 잘 몰랐어요. 비밀이었어요. 개발계획이 새면 안 되니까 저 혼자 계획을 세웠거든요. 그리고 여의도비행장에 있던 미군 장비들도 옮겨야 했거든요. 제가 그것까지 다 했어요. 미8군 사령관을 만나서 사정을 얘기했죠. 당신들 장비들 옮길 수 없겠느냐고 말이에요. 흔쾌히 승낙을 받았죠. 그때 제가 미국 가서 공부하길 잘했다는 걸 느꼈어요. 영어로 하니까 모든 것이 빨리 잘 해결되더라고요.

그리고 제가 뉴욕에서 공부했다고 하니까 사령관 태도가 또 달라져요. 미국의 시골도 아니고 뉴욕에서 공부했다고 하니까 그러더라고요. 제가 6·25전쟁 때 미2사단에 있었거든요. 그 얘기도 하니까 굉장히 호감을 가졌어요. 6·25전쟁 때 제가 미군부대 연대장 통역보좌관으로 있었거든요. 에드워드 라우니Edward Rowney 장군, 나중에 제가 부시장이 됐을 때 그분이 중장으로 미1군사령관이었어요.

또 이런 일이 있었어요. 1966년에 존슨 대통령이 오기 직전이었어요. 그때 워커힐 도로 길이가 12m였어요. 한양대학교에서 워커힐까지 12km 구간이었거든요. 방한 때 워커힐을 간다고 하더라고요. 오기까지 열흘 남았는데, 25m로 폭을 넓혀야 했어요. 그런데 우리도 그렇고, 현대건설도 좋은 장비가 없었어요. 보통 불도저로는 기간 내에 안 되겠더라고요. 그래서 제가 8군사령관 만나서 미국 공병대에서 가지고 있는 스크래퍼scraper[18] 두 대를 빌려왔어요. 그걸로 이틀 동안 밀어버리니까 그냥 끝나버렸죠. 그 장비가 탱크보다 힘이 세요. 쫙 밀고 가면서 아스팔트 다 깔았죠. 미군사령관도 저보고 고맙다고 하더라고요.

18 스크래퍼는 굴착기와 운반기를 결합한 토사 공사용 기계를 말한다.

존슨 미 대통령 방한 시 판자촌 철거 문제에 대한 일화

존슨 미 대통령 방한 당시 김포에서 시내까지 차를 타고 오던 모습이 텔레비전으로 방송이 되었는데요. 그때 남산 쪽의 판자촌이 함께 방송에 나가면서 박정희 대통령이 그걸 보고는 좀 부끄럽게 생각해서 판자촌 철거가 이후에 많이 이뤄졌다고들 이야기하는데요. 부시장님이 기억하시기는 당시 존슨 대통령의 방한이 서울시 내의 판자촌 철거와 어느 정도 관련이 있었나요?

그때 그런 이야기가 있었죠. 판자촌은 저도 미국에서 귀국하면

존슨 대통령 환영 시민대회(1966년)

서 깜짝 놀랐으니까요. 그렇지만 그런 이야기는 우리들끼리 나눴던 수준의 풍문이었어요. 대통령이 직접 이야기했던 건 없었어요.

네, 오랜 시간 말씀해 주셔서 감사합니다.

도시계획전시회는
열었어요.
그때 사람들이
구름떼처럼 몰려들었어요

면 담 자	임미리(한국학중앙연구원)
면담주제	1960년대 서울시정과 공무원들
면담일시	2016년 11월 15일
면담장소	쌍문역 코피발리 카페

이민창

1934년 충청남도 아산군 출생
1958년 서울대학교 토목과 졸업
1958년 서울시 건설국 토목과 치수계 근무
1965년 서울시 하수도사업소장
1966년 서울시 도시계획국 도시계획과 가로계장
1970년 서울시 도시계획국 도시계획과장
1972년 서울시 도시계획국 구획정리과장
1974년 서울시 건설국 토목과장
1975년 서울시 건설국 도로시설과장
2018년 작고

서울시 토목과 근무와 하천 복개 공사

이번 면담은 '1960년대 서울시정과 공무원들'이라는 주제로 실시하는 서울역사편찬원의 구술채록사업입니다. 오늘은 이민창 선생님을 모셨습니다. 먼저 서울시에 들어간 계기에 대해서 말씀 부탁드리겠습니다.

제가 서울시에 들어갔던 게 1958년이었어요. 1954년에 서울대 공대 토목과에 입학해서 1958년에 졸업을 했죠. 졸업한 그해에 공무원 시험을 봤거든요. 서울시 토목과로 발령을 받았지요.

서울시에 들어가서 처음 한 일은 어떤 것이었나요?

1958년에 입사해서 처음에는 토목과 치수계에서 근무를 했어요. 하천과 하수도를 담당했죠. 그 당시에 공업지역이었던 영등포 양평동 일대가 자꾸 침수되었거든요. 안양천변 수위가 높아지면 물이 안 빠졌어요. 그래서 제가 초창기 했던 일이 영등포 배수펌프장을 설계·감독하는 거였어요. 아마 서울시 최초의 하수펌프장이었을 거예요. 비가 오면 한강물이 들이차니까 유수지를 만들어 물을 가두는 거죠. 거기다가 500마력짜리 펌프 6대를 설치해서 안양천에 배출하는 거였죠. 3년 정도 그 일을 했어요.

그것 이외에 치수계에서 어떤 일을 담당하셨나요?

하천 복개공사 감독을 했죠. 지금의 숙대 입구 앞에 철도가 지나가는 곳에 하천이 있었어요. 욱천旭川이라고 있어요. 서울역 뒤까지 이어졌죠. 4km 정도였어요. 도심에서 제일 큰 하천은 청계천이고, 그다음이 욱천이었거든요. 그때만 하더라도 오수汚水하고 우수雨水를 그냥 하천에 방류하던 시절이었어요. 그래서 한강 수질하고 위생상 문제가 생기니까 하수처리장을 건설해서 오수를 처리해 배출하면 어떻겠냐고 해서 하수처리장 계획을 세웠던 거죠.

공사기간은 한 2년 정도였어요. 그때 당시에는 서울시나 정부의 모든 설계가 지금처럼 설계사무소에 맡긴 다음에 감독만 하는 구조가 아니었어요. 공무원이 직접 설계를 하고 계획도 다 세웠죠. 설계부터 감독까지 일괄적 우리가 다 했던 시절이었어요.

그럼 하천 복개공사는 어떻게 이루어졌나요?

그때만 하더라도 비가 오면 관의 크기를 얼마로 해야 하는지 그런 게 정립이 안 되어 있었어요. 저희들처럼 대학에서 공부한 사람들이 온 다음부터 그런 걸 시작했어요. 왜정시대 옛날 기록을 참조해서요. 서울의 강우강도를 얼마로 잡을지, 그런 걸 학교에서 공부했으니까요.

하수처리장 같은 경우에도 오수하고 우수를 같이 내보낼 것인지, 따로 내보낼 것인지도 결정했죠. 기존의 것들은 합류식이

청계천 복개공사(1965년)

라서 분리식으로 고치기는 힘들었어요. 대신에 새로 만드는 것들은 비용이 많이 들더라도 분리식으로 하기로 계획을 세웠죠. 그리고 당시 청계천을 AID 차관[1]으로 했어요. 그때 외국인들하고 같이 일을 했어요. 그러면서 저희들이 많이 배웠죠. 제가 청

1 개발도상국의 경제개발을 위해 미국이 제공하는 차관의 한 종류이다. 미국의 〈대외원조법〉 중 경제원조 분야인 〈국제개발법(Act for International Development)〉에 근거를 두고 있어 'AID 차관'이라고도 한다.

계천 때 설계 감독을 했는데, 실질적으로는 감독이 아니라 그네들한테 배우는 입장이었죠.

그다음에 하수도사업의 소장으로도 잠깐 있었어요. 1965년이었어요. 사업소가 노량진에 있었거든요. 당시에는 하수도사업소에서 관管을 찍었어요. 지금처럼 이렇게 좋은 관은 아니었고 그냥 막 찍어내는 수준이었죠. 하수의 관급자재를 제작해서 공급했던 거죠. 하수도사업소가 공지가 넓으니까 거기 남부건설사업소라고 조직을 만들었죠. 그러면서 하수도사업 소장이 겸직을 했던 거죠.

당시 하천 복개는 도로 확보가 목적이었나요?

도로 확보도 있지만 취수 확보를 위한 것도 있었어요. 시가지 안에 하천이 있는데 거기에 난민들이 판잣집을 짓고 살았잖아요. 비만 오면 물이 흐르지 못하게 막는 무허가 건물들이 많았거든요. 하천을 점령해서 유수를 방해하는 거죠. 그런데 판잣집들을 그냥 때려 부수면 면목이 없거든요. 도로도 넓힐 겸 공사를 하면서 정리를 했던 거예요.

오수처리도 중요했어요. 한강 물이 오염되면 굉장히 위험하거든요. 사람들이 물을 못 먹게 되잖아요. 상수도 보호를 위해서라도 하수처리를 해서 내보내야 하거든요. 하천의 물을 상수도로 쓸 수 있게끔 하는 게 목적이죠.

복개지를 사유화시켰던 민간 주도 하천 복개

선생님이 보시기에 당시의 하천 복개가 서울의 모습을 어떻게 바꾸었다고 생각하시나요?

그때가 김현옥 시장이었어요. 기업 행정을 많이 부르짖었죠. 뭘 하더라도 이익이 좀 있어야 한다는 거였죠. 예를 들면 복개를 하는데 민간인들 주도로 하고 거기다 상가를 짓게 해야 한다는 거죠. 서울시는 복개를 해서 공간을 확보하는 것이 목적인데, 민간인들이 복개를 하면 그건 땅을 취득하는 것이 목적인 거죠. 자기 돈을 들여서 복개를 하는 건데 그냥 경관을 아름답게 꾸미려고 하는 건 아니니까요. 다 실속이죠. 자기 이익을 위해서 땅을 취득하려는 거죠.

서울은 그렇지 않아도 땅이며, 도로며, 부족하잖아요. 그런데 그런 사람들이 많아지면 앞으로 도시계획을 한다든지, 도로를 신설한다든지, 그럴 때 쓸 땅이 부족해지는 거죠. 그래서 저는 차라리 복개를 안 하고 도로로 못 쓰더라도 그냥 공지로 두는 것이 장래성 있다고 생각했어요. 그래서 제가 (복개에) 반대를 많이 했죠.

김현옥 시장 때 이곳저곳을 많이 복개하니까 약삭빠른 사람들은 서울시에 하천이라는 하천은 다 복개하겠다고 덤벼드는 거예요. 목 좋은 데를 잡고 하겠다는 거죠. "내가 이거를 복개해서 여기에 집을 짓겠다."라고 하는 거죠. 통제하지 않으면 문제가 커지는 거예요. 그래서 저는 오히려 안 하는 것이 좋겠다고 생각했어요.

자기 땅을 복개하겠다는 사람들이 많았나요?

김현옥 시장이 그렇게 몇 군데를 복개하니까 여러 군데에서 민원이 들어왔어요. 빽이라는 빽은 다 동원해가지고요. 서울시에 있는 하천은 다 복개하겠다고 할 정도였어요. 시민들은 길만 있

각종 건설공사 준공테이프 절단용 가위들이 즐비한 김현옥 시장 집무실(1969년)

으면 돈을 벌 수 있다고 생각한 거죠. 시 차원에서 입안하지도 않았는데 민원이 자꾸 들어오는 거죠. "복개해서 이만큼 길을 내고, 이만큼은 내가 집을 짓겠다."라는 민원인 거죠. 복개를 해서 개발이 되면 지가에 변동이 생기게 되니까요.

자기가 사는 지역이 개발되면 땅값이 100원이었다가 1,000원이 되는 식이죠. 개발 효과가 10배가 되니까 개발 논리의 중심으로 시민들이 들어오는 거죠. 시장 차원에서 그런 생각을 가졌던 거죠. 그러니까 여러 곳에서 빽을 동원해서 민원이 들어오는 거예요. 그래서 저는 "이게 위에서 누가 시키는 거지만, 나는 (결재 서류에) 사인을 못 하겠다."라고 많이 했어요. 한 군데라도 강하게 통제를 해서 그런 (빽을 동원하는) 사람이 없어져야만 제대로 된 개발을 할 수 있다고 봤거든요.

그런 얘기 나왔을 때가 어느 부서에 계실 때였어요?

주로 김현옥 시장 때니까 가로계장이었어요. 1966년부터 가로계장이었거든요.

민원들이 주로 가로계로 왔나요?

가로계로 바로 들어오지는 않아요. 구거溝渠 부지를 토목과 취수계가 정하거든요. 그다음에 해당 일이 가로계로 오는 거죠. 그럼 가로계에서는 도시계획상 문제가 있는지 없는지 보고 합의를 해 주는 거죠.

가로계의 업무와 용도지구 지정

가로계의 주요 업무는 어떤 거예요?

도시의 가로를 세우는 거죠. 간단하게 말하면 도로의 기본 방향을 세워주는 거예요. 만약에 광화문에서 은평구 불광동으로 가는 도로를 만든다고 하면 노선은 방사선이고, 광화문부터 측량

중앙청 앞 도로(1970년)

하면 폭이랑 연장이 얼마큼 되는지, 기본계획을 세우는 거죠. 그 다음에 도로과가 그 폭에 맞춰서 도로 설계를 하는 거죠.

용도지구를 지정하거나 변경하는 것도 가로계에서 하는 건가요?

용도지구는 지역계에서 해요. 가로계는 도로 노선의 방향을 지정해요. 방사선도로면 지역과 지역 간에 쭉 나가는 거고요. 순환도로면 방사와 방사를 연결해서 돌리는 거죠. 소도로도 마찬가지고요.

가로계장을 하시면서 하천복개에 대해 반대하셨을 때 어떤 압력은 없었나요?

글쎄요. 별로 없었어요. 물론 직원들이나 윗사람들이 "웬만하면 봐주지 그래요?"라든지, 뭐 이런 얘기는 있었죠.

정책사업으로 낙원상가 입안

민원인들이 압력을 넣은 적은 없었나요? 주변에서 들으신 이야기 같은 거요.

낙원상가 지을 때 제가 반대를 했어요. 그러니까 내무부 장관이 불러서 간 적이 있었어요. 정책사업이라고 하더라고요. "이거 도장을 찍어줘라."라고 해서 낙원상가는 찍어줬어요. 그 부지는 일제강점기 때 일본인들이 확보해 놓은거예요. 종묘 앞에 큰 도로

오늘날의 낙원상가

잖아요. 그런데 광복이 되고 나중에 무허가 건물들이 쫙 들어서니까 철거한 거죠. 그러면서 "하나의 국가적 이미지다."라고 하면서 돈 벌기 위해서 빌딩을 지어서 팔았던 거죠.

당시 낙원상가 풍경은 어땠나요?

잘 기억은 안 나요. 하여튼 서울의 주거지역이니까 그래도 사람들이 많았어요.

가로계장 시절, 석 달 밤을 새워 준비했던 8·15전시회

가로계장으로 계실 때 또 어떤 일이 있었나요?

그때 서울시의 모든 도로를 확장했어요. 당시에는 변두리에서 편입된 지역들은 기본 가로망만 있었지 아직 새로운 도로를 만들지 않았어요. 그래서 서울시에서 밤새워 일해서 도로 구역 확정해서 도시계획전시회를 열었어요. 그때 사람들이 구름떼처럼 몰려들었어요. 자기 땅이 도로에 얼마큼 들어갔는지 보려고요.

김현옥 시장 때 열었던 8·15전시회를 말씀하시는 거예요?

맞아요. 그때 숙명여대 학생 40명을 불러서 안내도 시켰어요. 손님들이 오면 이렇게 가르쳐주라고요. 제가 그때 가로계장이어서 고생을 많이 했어요. 어쨌든 그전까지는 공무원이 책상에 앉아서 돈 받아먹고서 멋대로 도로선을 그렸다고 했어요. 그런데 이렇게 전시회를 해서 공표를 하는 거죠.

예를 들면 전시회를 할 때 남가좌동에서 온 사람한테는 남가

대서울도시계획전시장을 둘러보는 김현옥 사장(1966년)

좌동 도면을 보여주면서 어디가 도로인지 가르쳐주는 거예요. 지도를 보여주면서 당신 집이 몇 번지인데 얼마만큼이 도로에 들어갔다고 알려주는 거죠. 그러면 이제 민원이 들어오죠. "옆에 도로가 있는데 왜 거기다 또 도로를 긋나요?"라거나 혹은 "우리 땅에 도로에 들어가면 큰일 납니다."라고요. 그러면 저희들이 "거기가 구획정리지구로 되면서 도로에 들어간 땅은 바로 도로 옆의 땅으로 받는 거예요. 그러면 더 좋아지는 거니까 걱정하지 마십시오."라고 말해주는 거죠. 이런 식으로 다 설득을 시켰어요.

이전에는 도시계획에 대한 공표를 잘 안 했어요. 그런데 이런 방식으로 석 달간 전시회를 해서 시민들에게 상세하게 알린 거죠. 사람들도 엄청나게 왔어요. 그래서 김현옥 시장의 인기가 바로 올라갔어요. 공개행정을 한다고 해서요. 물론 김 시장이 그냥 밀어붙인 것도 많아요. 구획정리사업을 할 때 도로만 형성시켜 놓는 방식이었거든요. 나머지는 주민들이 급하면 자기들이 알아서 돈 들이고 집을 짓는다고 그랬어요. 그렇게 해야 도시가 빨리 발전된다고 하면서 밀어붙였어요. 그래서 민원이 좀 있었죠.

소공동 중국인촌은 오사카 사례를 참조해 입체환지 도심재개발을 추진

양택식 시장이 부임하면서 도시계획과장이 되신 걸로 알고 있어요.

맞아요. 당시 와우아파트 사건으로 김현옥 시장이 물러나고 양택식 시장이 새로 부임했어요. 양 시장이 오면서 1970년에 도시계획과 과장이 됐죠. 전에 있던 가로계도 도시계획과에 있었던 부서였어요. 그런데 양택식 시장이 박 대통령 말씀을 잘 받드는 사람이었어요. 마침 당시에 박 대통령이 미국으로 가서 뉴욕 거리를 보고 와요.[2] 거기 가서 보면 광장 주위에 건물들이 높이 올라가 있잖아요. 빌딩들이 타임스 스퀘어까지 말이에요. 그러니까 서울도 그렇게 해야겠다고 생각했던 거죠. 그런데 서울시 광장 앞을 보니까 중국인들이 다 차지하고 있었거든요.

그러니까 이걸 어떻게든 해결해야 되겠다고 생각했어요. 그냥 돈을 줘서 내보낼 수는 없어 보여요. 그래서 일반적으로 변두리 지역 구획정리를 할 때 30%의 공공용지가 생긴다고 하면 100평 가진 사람한테 70평만 줘요. 나머지는 도로도 내고 공원용지도 만드는 거죠.

그런데 도심에는 광장도 만들고 빌딩도 지어야 하거든요. 그때 일본 오사카의 구도심에서 도심재개발을 했거든요. 우리가 그걸 배웠죠. 입체환지라고 하는 방식이거든요. 큰 빌딩을 지어서 이전의 땅 크기를 평가해요. 그러면 그 크기를 빌딩에 적용하는 거예요. 예를 들면 "너는 1층에 몇 평을 가져라. 너는 2층에 몇 평을 가져라."라고 해요. 그렇게 도심재개발사업을 시작한 거죠.

---

2 박정희 대통령은 1965년 5월 16일부터 27일까지 미국을 국빈 방문하였다. 미국 존슨 대통령의 초청으로 이루어졌으며, 워싱턴·뉴욕·로스앤젤레스 등을 방문하였다. 뉴욕에서 이틀간 머무르면서 퍼레이드, 뉴욕 시장 주최 리셉션에 참여하였고 세계박람회 시찰 및 UN사무총장과의 회담 등이 이루어졌다.

재개발사업 시행 이전의 소공동 전경(1971년)

명동 입구 내무부 자리로 중국인을 이주

원래 환지換地는 대토代土인데, 개념이 조금 다르네요.

그렇죠. 그걸 시청 앞에 있는 소공동에서 시작했죠. 양 시장이 부임해서 오자마자 계획이 세워졌죠. 그런데 이걸 어떻게 하겠어요? 거기 살던 중국인들도 당장 먹고살아야 될 거 아니에요? 그래서 내무부가 중앙부처로 들어가고 건물을 비워줬어요. 거기

오늘날의 플라자호텔

가 지금 을지로 외환은행 자리에요.

중국인들한테는 "대통령이 이런 계획을 갖고 있으니까 일단 너희들은 거기로 옮겨라."라고 했어요. 중국인들이 음식점 장사를 할 수 있도록 이주시켜 놓고 나중에 건물 올리면 입체환지를 시켜주기로 한 거예요.

그런데 중국인들이 보기에 값이 안 맞는 거예요. 서로 싸움도 벌어졌어요. 일단 옮겨놓는 것까지는 됐어요. 그런데 입체환지를 해 주려다가 문제가 생겼어요. 그래서 중국인들이 그 땅을 한

화에 팔아버린 거죠. 그렇게 해서 한화가 거기에 플라자호텔을 지었어요.

기만적 중국인촌 철거에 대만 정부 항의, 서울시 사절단이 방문해 무마

그러면 중국인들은 보상을 받았나요?

환지가 아니라 땅을 팔아버렸어요. 서울시에서 매각을 해서 판 게 아니고 중국인들이 바로 팔아버렸죠. 어쨌든 중국인들을 내쫓은 게 된 거예요. 결국 문제가 됐죠. 그러니까 박 대통령이 양 시장한테 대만을 갔다 오라고 그랬어요. 비서실장하고 같이요. 원래는 양 시장이 터키를 방문하는 일정이 있었거든요. 그래서 돌아오는 길에 대만에 들렀어요. 저도 같이 갔지요.

실은 그 당시에 우리가 중국, 그때는 중공이라고 했죠. 그네들하고 외교를 막 트는 때였거든요. 그러니까 대만이 우리나라한테 외교 관계를 단절하겠다고 그랬어요. 우리나라에서는 (대만과의 외교 관계를) 끊지 않겠다고 하면서 서울에 있는 중국인들을 대접해 주겠다고 한 거였어요. 그게 입체환지였던 거죠. 그 사람들을 잘 살게 해 준다고 하면서요. 그런데 서울에 사는 중국인들을 꾀어다 그 땅을 한국 사람들이 다 먹어버린 형국이 되니까 대만에서 항의를 하는 거죠. (환지 업무를 했던) 장본인을 데리고 오라는 거예요. 그리고 제가 그 짓을 저지른 장본인으로 지목된 거예요. 그래서 같이 대만으로 갔죠.

항의는 대만영사관에서 했나요?

네, 맞아요. 박 대통령이 양택식 시장한테 장본인을 끌고 같이 가라고 한 거죠. 처음에는 그것 때문에 가는 거라고 말을 안 해줬거든요. 저는 그냥 모르고 좋다고 따라서 갔던 거죠. 그 당시에 사과하러 저를 데리고 가서 무마했죠.

〈시정10개년종합계획안〉을 발표하는 양택식 시장(1971년)

그러면 중국인촌 철거하고 이주시킬 때 선생님은 얼마나 관여를 했나요?

담당 과장이었어요. 계획 입안을 도시계획과에서 하거든요. 그 당시 중국인들을 많이 만났어요. 그 사람들은 한번 믿으면 아주 확 믿더라고요. 협조도 잘해줬어요. "빌딩 잘 지어 달라."고도 했죠. 한화가 어떻게 들어왔는지는 잘 모르지만, 그때 한화가 힘이 셌거든요. 비서실장이었던 이후락 씨 아들이 김종희 씨 딸하고 결혼하고 했으니까요.[3]

도시재개발은 결국 거주자 내쫓는 정책

당시 도시정비사업을 추진할 때 어떤 문제점들이 있었나요?

재개발이라는 것이 도시를 아름답게 만들고 미화시켜서 사람들의 생활수준을 높여주는 것처럼 보여요. 하지만 결론적으로 보면 거기 있는 사람을 내쫓는 거죠. 도시정비라는 게 결국은 사는 사람을 내쫓는 게 되더라고요. 못 사는 사람들 내쫓고 잘 사는 사람들이 들어와서 집값으로 돈을 버는 거예요. 그게 재개발사업이에요. 제가 도시재개발을 하면서 그런 생각이 들더라고요.

3 당시 청와대 비서실장이었던 이후락의 차남인 이동훈과 한국화약 창업주인 김종희의 장녀 김영혜가 결혼해 양가는 사돈관계를 맺고 있었다.

실은 거기 살고 있던 중국인들은 소득 수준이나 생활이 괜찮았어요. 그러니 그 사람들 원망이 얼마나 컸겠어요? 그러니까 대만 정부를 움직여서 항의한 거였죠. 그래도 한 놈한테라도 사죄를 받아야겠다고 해서 제가 불려간 거예요.[4]

사절단에 포함되어 대만 방문

당시 국내 신문들을 보면 중국인들이 이주하는 과정은 조용했던 걸로 알고 있어요. 그런데 뒤에서는 엄청나게 원성이 있었던 거네요.

그렇죠. 그러니까 대만 정부에서 화를 낸 거였죠. 제가 가서 사과하는 사진도 찍혔죠. 저는 그냥 (사과에 필요한) 얼굴로 데리고 간 거니까요. 서울시 고위직들도 제가 간 이유를 나중에야 알았

4 소공지구 화교소구의 재개발협정이 체결된 것은 1971년 8월 20일이다. 이 협정에는 서울시는 소공지구에 화교회관을 짓고 중국인들을 이주하도록 한다는 내용이 포함되었다. 이에 대만정부는 해외교포 지원재단을 통하여 2억 원의 자금을 지원할 것을 결정하였다. 하지만 소공동 화교회관 건립이 무산되면서 1년 뒤인 1972년 8월 무렵에는 소공동에 있던 화교들은 대부분 떠나가게 되었다. 물론 화교 개개인들은 시가보다 더 많은 땅값을 받았다. 그렇지만 화교회관 건립을 지원했던 대만 정부 입장에서는 참을 수 없는 모욕이었다. 결국 1972년 9월 17일부터 20일까지 양택식 서울시장을 비롯해 기획관리관 손정목, 구획정리과장 이민창, 의전비서관 정겸식 등이 대만을 방문하였고, 장경국 총통 등을 만나 사죄하였다(손정목, 《서울 도시계획 이야기》 2, 한울, 2003, 147~158쪽).

어요. 나중에 갔다 와서 양 시장한테 들었다고 그러더라고요. 서울시가 대만한테 사죄하러 갔다고 쓸데없는 소문이 날까 봐 그랬겠죠. 우리나라 신문에 나올 수 있으니까요. 지금도 보면 도심 재개발은 다 재벌들이 땅을 사서 빌딩을 지어요. 실제 입체환지를 한다고 해서 제대로 된 적은 하나도 없어요.

도심재개발은 재벌의 돈벌이 수단으로 활용

선생님이 계실 때 했던 다른 사업은 어떤 게 있었나요?

무교지구를 개발할 때도 제가 계획을 세웠어요. 중국인 땅만 개발하면 문제가 될 수 있으니까요. 소공지구 말고 무교지구도 있어요. 모두 3개 파트로 나눴어요. 그다음에 대학교를 섭외해서 설계용역을 줬어요. 지구계획은 서울시에서 세우고, 설계는 대학교에 주는 형식이었죠.

소공지구 경우에는 양택식 시장이 부임하고 박 대통령이 지시하면서 개발하기 시작했다고 하셨는데요. 그러면 무교지구 같은 나머지 지역들은 어떻게 시작을 하게 됐나요?

나머지 곳들도 마찬가지예요. 소공동에서 했던 방식이랑 거의 동일해요. 중국인들 내쫓아서 재벌들이 빌딩을 지었던 거랑 비

도심재개발사업이 시작된 무교지구의 모습(1972년)

슷한 현상이 벌어지더라고요. 무교동 같은 경우에도 기존에 있던 술집 같은 곳에 다 재벌들이 들어오는 거죠. 주민들이 합심해서 막는 건 거의 불가능하더라고요. 서울시가 계획을 세우고 설계가 나오면 주민들한테는 협력해서 하라고 해요. 그러면 자기들끼리 싸우게 돼요. 그러다가 재벌이 하나씩 하나씩 집어먹어서 빌딩 세우면 재개발이 끝나는 거예요. 입체환지를 실제로는 한 적이 한 번도 없다고 봐야 해요.

제가 지금은 후회하는 게 그거예요. 그래도 한국의 옛 모습을 보려면 그대로 두는 게 더 좋았을 것 같기도 하더라고요. 우리의 예전 모습을 도심에 그대로 뒀으면 어떨까라는 생각도 한번 해 봐요.

선생님이 도시계획과장이라서 지구계획을 세우지 않았나요?

그때는 제가 그걸 깨닫지 못했어요. 제대로 알았으면 반대했을 수도 있어요.

도심재개발은 착수 단계부터 대기업이 참여

그 이후에 도심재개발을 할 때 철거나 이주 과정에서 크게 문제가 생긴 일은 없었나요?

이후에 재개발할 때는 자기들끼리 뭉쳐서 돈 받고 팔고 나가는 방식이에요. 민간주도 방식이 되는 거죠. 서울시에서 직접 이주시킨 건 소공지구 하나예요. 그다음부터는 기업이 들어와서 직접 하는 거죠. 만약 소공동 재개발할 때 자기들끼리 하는 방식이었으면 중국인들이 저한테 사죄하라고는 소리를 안 했겠죠.

그러면서 이제부터 서울시는 아예 관여를 안 하는 거네요. 서울시는 지구계획을 세우고 그다음에는 민간이나 기업한테 역할을 넘겨주는 거네요.

그렇죠.

1971년 12월까지 도시계획과장으로 계셨는데요. 그다음에는 어느 부서로 가셨나요?

1972년부터는 구획정리과장으로 가서 2년 정도 했죠.

구획정리과에서 했던 일은 어떤 것이었나요?

구획정리과장을 했을 당시에 제일 급했던 것이 영동개발이었어

주택단지가 조성 중인 영동지구(1972년)

요. 강남개발이죠. 그때는 영동개발이 잘 안 되고 있었어요. 그래서 제가 살펴보니까 거점도시를 만들어야겠더라고요. 위에다가 보고를 했죠. 사람들이 살 수 있는 주택을 먼저 지어야 한다고요. 집들을 지어 놓으면 하나의 거점이 돼서 도시가 형성되거든요. 땅만 있으면 부자들이 그 땅을 사놓고 값만 올리거든요. 당시에는 경부고속도로만 나 있고 허허벌판이어서 먼저 집을 지었어요. 7개 지역으로 나누고 주택을 짓고 분양을 했죠.

지었던 집들은 단독주택인가요? 연립주택인가요?

연립주택 비슷한 거였어요. 당시에 꽤 인기가 있었죠. 그러고 체비지가 안 팔리니까 버스 한 대를 빌려서 손님들을 데리고 가서 매일 설명을 했어요. 그러니까 땅값이 올라가면서 체비지가 팔리더라고요. 그 돈으로 공사를 하고 상수도랑 도로도 놓고, 그렇게 강남을 개발시켰던 거죠.

일종의 부도심이 형성되는 방식이네요.

그렇죠.

12년 만에 서기관으로 고속 승진

선생님의 공직 이력을 보니까 1958년에 서울시에 들어오셔서 1970년에 도시계획과장을 하셨어요. 12년 만에 과장이 되신 거네요.

그렇죠. 빨리 달았어요. 서울시 과장이 서기관이거든요. 지금은 서기관이 4급인데, 그때는 직급체계가 달라서 서기관이 3급이었어요.

승진이 빠른 이유가 있으셨나요?

글쎄요. 뭐 때문이었는지는 잘 모르겠어요. 제가 사람들 재촉하는 스타일도 아니었거든요. 그렇다고 직원들 노는 건 봐주지 않았어요. 같이 일하는 스타일이었죠.

도시계획과 조직은 어떻게 구성되어 있었나요?

가로계, 지역계, 종합계획계, 재개발계 그리고 운영계가 있었어요. 운영계는 서무업무를 봤고요. 지역계는 용도변경을 담당했죠. 재개발계가 주민들하고 가장 접촉이 많았고요. 가로계도 도로망이 걸려있어 골치 아팠죠. 자기 땅이 걸리는지 안 걸리는지, 이해관계가 걸렸으니까요.

공무원은 시민의 입장에서 민원을 처리해야

도시계획과장으로 있을 때 기억나는 민원이 있나요?

민원이 수도 없이 와요. 옆에 계장이나 직원들한테 와요. 그 사람들 불러 가지고 "문제가 있냐? 무슨 일 때문에 그렇게 매일 와서 우리 직원을 못살게 구느냐?"라고 물어봐요. 들어보면 그네들 입장이 수긍이 가요. 어떻게 보면 정의가 더 중요할 때가 있어요. 책에 나오는 법이 아무리 중요해도 말이에요. 하여튼 제가 가로계장 할 때도 그렇게 매일 와서 얘기하는 사람들이 있어요. 도로 내는데 고쳐달라고 하는 것들이죠. 그러니까 법보다 민의가 앞서는 것도 많다는 거죠.

민원이 실제 법이나 계획에는 저촉이 되지만, 민원인들 입장에서 계획을 시정해 준 경우를 말씀하시는 거네요?

그런 게 많았죠.

민원 이외에 사건사고는 없었나요?

제일 어려웠던 것은 김신조 사건이 일어났을 때였어요. 그때 가로계장이었는데, 청와대를 보호하려면 어떻게 도로를 내야 하는지 문제가 된 거죠. 그 사건 다음 날부터 스카이웨이 노선 지도를 갖다가 눈구덩이에 뒹굴어 가면서 직원들하고 같이 현장에 가서 노선을 확정했거든요. 지금도 그 길을 지나갈 때마다 아주 감개무량하죠.

당시에 거기는 그냥 산이었죠?

그냥 산이었죠. 도로를 내려면 산 하나를 뚫고 나가는 거죠. 그렇게 도로를 내면 청와대를 보호할 수 있다는 거죠. 그 당시에 도시계획은 일반 시민이나 시청 직원들한테도 비밀 행정에 속해야 하는 것이 많았어요.

선생님은 도시계획이나 재개발에 대해서 비판적 입장이 많으신 거 같아요.

도시계획은 사실 문제점이 많아요. 원래는 개인의 재산을 보호해 주는 것이 목적이었어요. 잘 살기 위해서 만든 게 도시계획이에요. 그런데 실제로는 개인의 재산을 통제하는 것이 많으니까요. 전체적인 복리를 위해서 계획을 세우겠지만 민의도 중요하거든요.

당시에는 지금과 다르게 시민들이 관청을 어려워했던 걸로 알고 있는데요. 지금처럼 민원을 시끄럽게 제기할 수 있는 여건이 되었나요?

옛날에는 빽을 쓰면 된다고 했어요. 때문에 오히려 간단한 것도 빙빙 돌아왔어요. 본인이 직접 관청에 와서 해결할 수도 있는 것도 몇 사람 거쳐서 민원이 들어왔죠.

케이크 속에 돈 넣어 오는 민원도 있어

권력이나 돈 많은 사람들의 압박성이라든지, 혹은 협박성 민원은 없었나요?

그런 거는 별로 없었어요. 대신 케이크 속에 돈을 넣어서 가지고 오는 경우가 있었긴 하네요. 집에다가 던져 놓고 나오는 경우도 있었고요. 김신조 사태 이후에 스카이웨이 도로 계획 세울 때는 동네 사람들이 몰려오고 그랬죠.

그래서 저는 "나는 도시계획과 과장이라서 도로의 노선 방향만 설정해 주는 거다. 실질적인 일은 토목과의 도로계에서 측량할 때 결정된다. 나중에 도로계장한테 얘기해서 당신네들 땅을 살리는 방향으로 길을 돌아서 낼 테니까 걱정하지 말아라."라고 타일러서 돌려보냈죠. 북악산이랑 세검정 쪽 사람들 땅을 많이 살려줬죠. 사실 경제성을 판단해서 도로를 내는 일은 토목과에서 하는 거였거든요. 도시계획과 같은 경우에는 지도에서 방향만 제시해요. 주민들은 그걸 잘 모르니까 그런 경우가 많았죠.

남산2호터널 공사 때 시장 순시 직후 사고 발생

그밖에 또 다른 사건이나 사고 중에 기억나시는 것 있으신가요?

남산2호터널 공사를 했을 때 사고가 났었어요.[5] 터널을 만들 때에는 양쪽에서 뚫으면서 공사를 해요. 그런데 뚫기 전에 환풍을 잘 해야 해요. 안 그러면 공사에 지장이 많거든요. 터널을 뚫을 때 다이너마이트가 딱 폭발하면 그 연기가 다 빠져나가야 사람이 다시 들어가서 작업을 할 수 있어요. 어느 정도 공사가 진행되니까 시장이 현장에 와서 보고 갔어요. 그런데 시장이 나가자마자 터널이 무너진 거예요. 다친 사람이 10명이 넘었어요. 불행 중 다행으로 사망한 사람은 없었지만요. 그때 간이 떨어지는 줄 알았어요. 만약 시장이 죽었으면 제가 어떻게 됐겠습니까? 그런 거 생각하면 아찔할 때가 많죠.

그리고 제가 구획정리과장으로 있을 때 미군하고 협상한 적이 있었어요. 그때 시흥동에 미8군이 자기들 전쟁 때 쓰려고 폭탄을 적재해 놓았거든요. 지금의 금천구 지역이죠. 그런데 우리가 거기에 택지조성을 하고 집을 짓기로 했어요. 그러면 미군들

---

5 1970년 9월 26일 당시 남산2호터널의 뒤쪽 입구 50m 건설 현장에서 콘크리트 천장 받침이 무너지는 사고가 발생하였다. 이 사고로 인부 15명이 중경상을 입었다(《경향신문》 1970년 9월 26일).

오늘날의 남산2호터널

이 그 적재시설을 철거하고 옮겨야 하거든요. 어디로 옮길 것이냐가 문제가 되었죠. 그래서 협상을 했죠. 작전계획에 지장이 있는지 알아야 하니까요. 우리나라 국방부 국장이랑 미8군도 서울시 도시계획위원이거든요.

회의 때 미군도 참석하나요?

미군도 자기들 자료를 가지고 와요.

구자춘 시장 재직 시 불합리한 질책에 사표 던져

그다음에는 토목과장으로 가셨네요.

네, 1974년에 토목과장으로 갔지요. 토목과가 나중에는 도로과로 바뀌요. 당시 서울시 건설 사업 중에 토목과가 돈을 가장 많이 썼어요. 그래서 시장인 구자춘 씨가 맨날 저희들 보고 "도둑놈"이라고 그랬어요. 제가 그때 워커힐 쪽에 도로를 내고 있었거든요. 시장은 본인이 공병대 출신이니까 돈을 적게 들여서도 도로를 다 만들 수 있다고 그래요. 물론 그렇게 만들면 도로 규정에 어긋나죠. 시장한테 말씀드리면 "그냥 도둑놈 같은 놈들이 엎드려 절 받는다."라고 그랬죠.

때마침 제가 가만히 생각해 보니까 애들도 공부시켜야 하고 사업을 해서 돈도 좀 벌어보고 싶더라고요. 그래서 워커힐 쪽 도로계획을 세우고 공사 발표까지 한 다음에 사표를 냈죠. 원래 토목과장을 2~3년 정도 거치면 국장으로 승진하거든요. 그런데 국장들이 시장한테 쩔쩔매는 모습을 보니까 승진하는 것보다 오히려 밖으로 나가는 게 낫겠다고 생각한 거죠. 그렇게 해서 공직생활은 17년 정도 하고 나왔죠.

박정희 정권 때 군 출신 공무원들의 모습

이번에는 다른 질문을 드릴게요. 1960~1970년대 서울시 부시장이나 국장 중에 군 출신이 들어오는 경우가 많은 걸로 알고 있는데요. 실제 업무에서는 어땠나요?

군 출신들이 사무관이나 서기관으로 와요. 업무를 잘 알지는 못해요. 그런데 그 사람들은 사관학교 출신이라서 부하나 동료들한테 호통을 치죠. 큰 소리만 쳐요. 건설국장은 공병대 출신인데, 저랑 나이가 비슷해요. 그런데 국장이죠. 공병대를 나왔지만 전문가는 아니에요. 대신 그네들끼리 단결해요. 고급 정보를 자기들끼리만 공유하고 있으니까 대응하기가 어렵죠. 그런 건 불합리했어요.

마지막으로 본인의 공직생활은 어땠는지 한 말씀 부탁드릴게요.

후회는 없습니다. 나라를 위해서 할 일을 했을 뿐이죠. 다만 좀 더 시민의 편에서 노력하고 일하지 못한 것도 많다고 생각합니다.

예, 긴 시간 동안 인터뷰해 주셔서 감사합니다.

개발에 제일 관심을 가진
사람들은
동대문 포목상들이었어요

면 담 자 임미리(한국학중앙연구원)
면담주제 1960년대 서울시정과 공무원들
면담일시 2016년 11월 4일(1차), 2016년 11월 25일(2차)
면담장소 증산역 아로이 커피숍

김정근

1935년 서울 출생
1956년 서울시 토목과 근무
1964년 서울시 도시계획과 근무
1974년 마포구 토목과장
1975년 중구 토목과장
1981년 올림픽기획단 근무
1986년 종합건설본부 근무
1990년 서대문구 도시정비과장

서울시 도시계획과 근무와 재개발사업에 대한 기억

이번 시간은 '1960년대 서울시정과 공무원들'이라는 주제로 실시하는 서울역사편찬원의 구술채록입니다. 오늘은 김정근 선생님을 모셨습니다. 선생님께서는 오랫동안 서울시의 토목사업과 도시계획 관련 업무를 맡으셨습니다. 그에 대한 말씀을 부탁드립니다.

제가 서울시에 정식 발령받아 근무한 것이 1956년이었어요. 1964년부터는 도시계획과에서 근무하게 되었고요. 그러다가 김현옥 시장이 부임해 왔죠. 그분을 흔히 '불도저'라고도 하지요. 밀고 나가다 법에 걸리면 우선 집행하고 나중에 법을 고쳤어요. 실제로 일을 하다 보면 법에 부딪히는 경우가 있거든요. 그러면 법을 개정하자고 시장이 청와대에 건의를 했죠. 그래서 서울시랑 중앙부처랑 많이 싸웠어요.

우리가 굉장히 힘들게 일을 했어요. 밤낮을 가리지 않고 도시계획전시회도 했고요. 서울의 기본 구상이 그때 만들어졌죠. 14개 방사선 도로계획과 순환도로를 그렸죠. 현재의 도시계획의 골격이 만들어진 거죠. 세부적으로 각 지역을 단위로 지형에 맞춰서 도로계획을 세우기 시작했죠.

그러니까 도심재개발 문제가 나왔어요. 소공지구랑 북창지구 등이 그랬던 거죠. 무교지구는 원체 상권이 강했어요. 주민의 반

시청에서 도시계획에 대해 논의하는 김현옥 시장(1967년)

발이 심해서 재개발사업을 진행하기가 굉장히 힘들었고요. 그런데 소공동은 상부에서 특별지시를 내렸어요. 원래 소공동 일대에 중국인들이 많이 살고 있었어요. 매춘도 많았고 지저분했죠. 그래서 그 지역을 먼저 재개발한 거죠.

사업 개시를 하려면 주민 동의를 받아야 하는데 거기 많이 사는 중국인들이 동의를 안 해 주더라고요. 거의 80~90%가 중국인들이었거든요. 원래 소공동 중국인촌이 아주 유명했어요. 당시는 무법천지여서 접근도 안 되고 대화도 안 하는 사람들이 많았어요.

대만영사관의 도움을 받아 중국인 이주

당시 외국인이 우리나라 토지를 가질 수 있었나요?

외국인의 토지소유취득을 예외적으로 허용하는 법이 있어요. 지금도 그 법이 있어요.[1] 어쨌든 중국인들은 대화도 안 받아줬어요. 접근도 못 했죠. 그래서 대만영사관을 찾아갔어요. 영사관에 가니까 문제가 해결되더라고요. 원래 중국인들이 우리나라 공무원을 믿지 않고 배타적이었는데, 영사관에서 한마디 하니까 일사천리로 되더라고요. 윗사람 말을 잘 들었어요.

일단 재개발을 하려면 이주대책을 세워줘야 하거든요. 그 중국인들을 명동으로 이주시켰어요. 당시에 내무부가 명동입구에 있었거든요. 이주시킨 곳은 지금의 외환은행이랑 천주교 성당 들어가는 그 길이었어요. 천막을 지어서 살도록 해줬죠.

1 1961년 제정된 〈외국인토지법〉을 말한다. 내외국인평등주의의 원칙에 따라 민법상 외국인에게도 내국인과 동등한 권리능력이 인정되므로 외국인도 토지에 관한 여러 권리를 가질 수 있는 것을 주요 내용으로 한다.

중국인 재입주 철회와 플라자호텔 건립

계획기간은 얼마큼이었나요?

2년으로 내다봤어요.

2년 동안 천막에서 지내라고 했던 건가요?

재개발이 완성되면 다시 들어가는 걸로 했어요. 도중에 제가 중구 토목과장으로 갔지만 계속 후임자들한테 확인하고 물어봤어

플라자호텔(1976년)

요. 또 거기가 중구청 관내니까 챙기기도 했죠. 그런데 나중에는 느닷없이 플라자호텔 짓는 걸로 계획이 바뀌었다고 해요. 회사가 그 땅을 중국인들한테 사들인 거죠.[2]

서울시에서는 중국인들한테 보상을 했나요?

플라자호텔에서 했어요. 시공한 회사와 개인 간의 일이었으니까요. 그래서 중국인들은 연남동이나 연희동 쪽으로 퍼져나갔죠.

소공동에서 나온 중국인들은 천막에는 얼마나 살았어요?

3~4년 정도 오래 살았지요. 금방 끝나지 않았어요. 명동 쪽 출구에 바글바글했어요. 상가도 있고 장사도 잘되고요. 저항하는 사람도 있었겠지만 다 팔고 나갔죠.

토지수용을 하고 주민들을 이전시키는 법률이 있었나요?

당시 〈도시계획법〉에는 관리청이 하는 것도 있고, 비관리청이 하는 것도 있었어요. 대신 비관리청이 하려면 인가를 받아야 해요. 그런데 그때는 재력이나 능력이 없으니까 거의 국가가 했어

---

2 1973년 소공동은 재개발지역으로 지정되어 서울에서 도심재개발사업이 가장 처음 시행된 곳이다. 당초 이곳은 화교 거주 지역으로 재개발을 통해 화교회관 등을 건립할 예정이었다. 하지만 지구 내 한국인 토지 소유주들의 반대로 무산되고 이 지역에 토지를 가지고 있던 한국화학(한화)이 화교들이 소유한 지역 토지를 일괄 매입하여 1976년 플라자호텔을 건축하였다.

요. 그래서 토지구획정리사업 같은 건 전부 서울시에서 했죠.

재개발지구도 서울시가 처음부터 직접 지정한 게 아니에요. 용역을 줘요. 법으로 구역을 지정하는 것은 그 이후에요. 토지수용이나 주민 이주는 〈토지수용법〉으로 하고요. 그리고 당시는 김현옥 시장이 있을 때였어요. 보상비는 많이 안 줬어요. 감정가 자체가 시가의 20~30% 밖에 안 됐어요. 그걸로 수용하니까 반발이 많았죠.

소공동의 중국인들도 그것만 받았나요?

사업시행자가 누구냐에 따라서 달라요. (소공동은) 시공자가 보상을 해주는 거니까요. 서울시나 정부에서 하는 건 일단 시가의 20~25% 정도를 주고요. 을지로나 종로 쪽 도시계획은 대부분 그 정도 수준에서 토지보상을 해 줬어요. 소공동 같은 경우 서울시는 행정 지원만 해 줬어요. 서울시는 계획만 세우고 시공업자가 토지보상이랑 공사를 했죠.

플라자호텔도 시공사하고 중국인들하고의 보상관계였나요?

모든 것은 사업시행자가 보상해 주는 거죠. 착수한 지 4~5년 만에 호텔을 짓기 시작했거든요.

청계천 무허가 건물 철거는 본청 건축과에서 담당

청계천의 무허가 판자촌을 철거할 당시에 도시계획과에 계셨던 걸로 알고 있습니다. 도시계획과에서 판자촌 철거를 담당했나요?

철거랑 이주시키는 것은 건축과에서 주로 전담했지요. 도시계획과는 행정을 뒷받침해서 계획을 세워주는 거였죠.

직접적인 철거는 보통 구청에서 담당하지 않았나요?

그 당시에는 구청 기능이 별로 없었어요. 서울시에서 거의 다 했어요. 나중에 행정이 발달하니까 구청한테 위임된 거예요. 요즘은 구청에서 거의 다 하고 있지만, 당시에는 구청에 능력이 없어서 서울시가 다 했어요. 철거도 그랬어요.

청계천을 50m 도로로 계획하다

서울시 도시계획과 관련 내용을 보면 청계천 일대 도로는 50m로 계획된 걸로 알고 있습니다. 그 과정에 대해서 알고 싶습니다.

당시 청계천 주변 도로를 몇 미터로 해야 할지 고민을 했죠. 거기가 주간선도로였어요. 당시에 도시계획위원회에서도 논란이

청계천 정비 사업 모습(1968년)

많았어요. 갑론을박했죠. 청량리에서 서대문까지의 동서방향 도로는 교통량이 집중되어 있었거든요. 그러니까 종로도 중요하지만 청계천도 더 확장시키는 것으로 결론이 났어요. 왜냐하면 종로하고 을지로 도로를 확장시키려면 길 주변에 철거해야 할 건물들이 많았어요. 피해가 컸거든요.

그리고 청계천도 하천부지를 되도록 많이 확보하자고 했어요. 당시에 50m면 굉장히 큰 도로였거든요. 그렇게 50m 도로를 만들고 보니까 하천부지였던 땅 중에서 잔여지가 많이 생기더라고요. 지금의 신평화상가나 동대문상가 같은 것들이 그런 땅 위에서 들어선 거죠. 그런 와중에서 또 세운상가도 같이 곁들어서 만들어진 거예요. 그 일대가 상당히 지저분했어요. 종로3가랑 청계천 쪽이 예전에는 전부 매춘거리였고 하꼬방이랑 술집들도 꽉 차있었어요.

원래 세운상가의 구상은 2층 데크였어요. 사람도 다니고, 차량도 다닐 수 있게요. 그런데 양택식 시장이 오면서 변경되어서 건물이 끊겼어요. 원래는 종로에서 을지로까지 이어져야 했는데 말이죠. 서울의 모습이 기본계획이랑 달랐어요.

도로 주변에 있던 상인들은 이주시켰나요?

그런 것은 없었어요. 왜정시대의 소개도로였으니까요. 전부 하꼬방이랑 무허가 건물이었죠. 보상은 없었어요. 그냥 철거해 버리면 그만이었죠. 사유재산만 보상하면서 반발이 많았어요. 그렇지만 공권력이 강했잖아요. 국민들은 몰랐고 순했어요. 그냥 웬만한 거는 승복을 하고 들어갔죠. 지금은 뭐 하나에도 대들고 싸우는 세상이지만 그 당시에는 그런 걸 감히 생각지도 않았죠. 저항을 해도 애먹이는 정도였죠.

세운상가 연결 상가는 양택식 시장 취임 이후 중단

세운상가 공사할 때는 직접 나가보셨어요?

세운상가는 계획만 세웠어요. 만드는 건 토목과나 건축과에서 했어요. 그런데 을지로 국도극장까지 짓다가 양택식 시장이 오는 바람에 그게 다 중단된 거예요. 그때 청계천이 복개되면서 유진상가, 성북상가, 미아상가, 세검정상가 같은 게 많이 들어섰죠. 지금은 많이 정리되어서 낙원상가랑 유진상가 정도만 남아 있죠. 하여간 일이 많아서 정신을 차릴 수 없을 정도였어요. 콩 볶듯이 일을 했으니까요. 김현옥 시장이 벌여서 양택식 시장이 마무리 했다고 할 수 있죠.

그다음에 양 시장이 무허가 건물 철거를 많이 했어요. 서울 주변이 산이잖아요. 주택재개발지구를 그때 만들었어요. 소공동, 무교동 같은 도심은 도시계획으로 만들어도 산에는 무허가 건물이 쫙 있었거든요. 이걸 그대로 놔둘 수도 없잖아요.

사람들도 하꼬방에서 추위에 떨지 말고 콘크리트 벽에 제대로 된 집에서 살고 싶어 했어요. 수돗물도 그 당시는 공동수도로

건설이 마무리 중인 세운상가의 모습(1967년)

먹고 화장실도 없었어요. 제대로 살고 싶었던 거죠. 아파트는 고층화가 되니까 위로 올라갈 수 있잖아요. 그 당시에는 5층을 기준으로 해서 주로 지은 걸로 알고 있어요. 5층에 살면 사람 다니기가 힘들고 그 이상이면 엘리베이터를 놓아야 했거든요. 그게 불량지구 재개발이었어요. 불량주택이라는 용어도 그때 사용되기 시작됐어요. 그 당시에 시청에 재개발과가 있었거든요.

민간재개발도 이때 시작이 된 건가요?

그렇죠. 그렇게 민간이 조합을 구성하게 된 거죠. 서울시가 일일이 나설 수가 없으니까요. 공권력으로 모든 걸 할 수 있는 게 아니잖아요. 법적인 문제도 있고요. 그러니까 조합을 구성해서 민간주도형 재개발사업으로 불량지구 재개발사업을 시작한 거였어요.

재개발지구의 지정은 도시계획과에서 했나요?

그렇죠. 도시계획과에서 만들어서 도시계획위원회로 심의를 올리는 거죠. 그러고 나서 결정이 되면 도시계획과에서 구역을 지정하는 거죠. 제가 있을 때 사당동, 성북동, 동소문동, 난곡동 등 다 결정했어요. 1971년 무렵, 대략 1970년대 초반이었을 거예요.

재개발지구로 지정이 되더라도 나중에 공사를 시작한 것들도 많았나요?

지구 지정을 하더라도 조합원 구성이 안 되면 시작할 수 없어요. 민간인들이 반대하거나 주민들이 원하지 않으면 그 사업은 안 되는 거예요. 계획을 해도 공사 시작은 20년, 100년, 그 이상 걸리는 거죠. 그러면서 무허가 건물을 방지하기 위해서 〈형질변경행위허가지침〉을 그때 처음 만들었어요. 서울시 조례로 만들었죠. 지금은 땅을 파더라도 형질변경허가를 받지 않으면 개발허가를 안 내줘요.[3]

---

3 〈국토의 계획 및 이용에 관한 법률〉에 의하면 토지의 형상을 변경하는 행위와 공유수면의 매립은 토지형질변경으로 이는 개발행위에 해당된다. 이 경우 특별시장·광역시장·시장 또는 군수 등으로부터 개발행위허가를 받아야 한다. 다만 도시계획사업이나 군(軍)계획사업에 의한 행위는 개발행위허가 대상에서 제외된다.

항공사진을 활용해서 도시계획을 세우다

당시 도시계획을 세울 때 항공사진을 이용했다고 알고 있습니다. 이와 관련된 일이 있었나요?

항공사진은 1968년에 처음 사용하기 시작했어요. 당시에는 항공기를 보유한 곳이 아세아항업이라는 회사가 유일했어요. 그것도 일본에서 비행기를 빌려서 쓰던 거였어요. 이때부터 과학적으로 도시계획을 세우려고 한 거죠. 도로 폭을 결정한다든지, 아니면 용도지역을 주거지역으로 할지, 상업지역으로 할지, 이런 게 중요하거든요. 가로나 도로를 어떻게 할 건지, 교통처리를 어떻게 다룰지, 일일이 용역회사 줘서 사람이 하는 게 힘들었죠.

그래서 항공사진을 1년에 4번 촬영했어요. 항공사진을 통해 지역의 발전 상태, 인구나 도로를 파악해서 계획을 세우려고 했던 거였어요. 그런데 서울이 국가 보안의 중심 지역이잖아요. 그래서 항공사진 찍는데 상당한 제약을 받았어요. 도심 같은 경우에는 대통령이 서울에 안 계실 때만 촬영을 했어요. 그러다가 1970년부터는 외곽지역까지도 촬영을 하고요.

청와대 주변을 찍을 때는 어떻게 허가를 받나요?

찍기 전에 미리 협의를 해요. 허가해 주더라도 우리가 신청하면 그냥 거기서 연락을 주는 건 아니었어요. 그리고 수도경비사령

항공기에서 본 서울 시내의 전경(1968년)

부도 있어요. 모두 결재랑 동의서를 받아야 해요. 마지막으로는 청와대까지 결재를 받아야 하고요. 그러면 대통령이 자리 비울 때, 물론 대외비라서 대통령 행방을 알려줄 수가 없잖아요. 대신 이틀 전 즈음에 연락이 와요. 그러면 우리가 업자한테 비행기 준비하라고 해서 항공사진을 찍는 거죠. 어렵게 찍었어요.

항공사진을 찍은 다음에 그걸 도시계획에는 어떻게 이용하는 건가요?

항공사진을 보면서 도시계획을 수정하는 거죠. 원래 도시계획은 계속 수정을 해요. 그때그때 계획도면을 관리해야 하는 거죠. 일단 항공사진을 찍으면 셀로판 투명용지로 만들어요. 그리고 지

수집한 항공사진을 판독하는 모습(1972년)

도에 해당하는 구역에 셀로판 투명용지를 붙여요. 도로는 도로대로 집어넣고, 용도지역의 풍치지구나 공원부지 같은 걸 다른 색깔로 겹치게 붙여 놓죠. 그러면 한 눈에 다 볼 수 있거든요. 만약에 수정하게 되면 그 부분만 바꾸고 다른 쪽은 그대로니까요. 그렇게 하면 도면 관리가 잘 되거든요. 도시계획의 변천사도 알 수 있고요. 아주 과학적으로 도시계획을 짤 수 있는 거죠.

그 지도 한 장을 보면 전체 발전사가 다 보이는 거네요.

그렇죠. 그 지도에 셀로판 용지가 구역별로 여러 장 겹쳐지는 거죠. 도로 하나를 만들더라도 이거를 10m로 만들어야 하는지, 50m로 만들어야 하는지, 한눈에 알 수 있는 거죠. 다른 부서 사람들은 "도시계획과 사람들은 자기들 멋대로 도로 폭을 짓는다."라고 하기도 해요. 제멋대로 한다고들 하죠. 하지만 실제로는 그렇지 않아요. 계획적으로 하는 거죠.

항공사진 이전에는 일일이 조사를 했어요. 교통량이 많으면 시간당 어느 정도 차량이 흐르는지 다 조사를 해요. '오디조사 origin and destination survey'라고 해서 대학에 용역을 줘요. 교수들한테 주면 대학생들이 길거리에 서서 차량 몇 대 다니는지 일일이 세고 그랬어요. 시간별로 그렇게 했죠. 아주 정확하지는 않았어요. 그런데 이렇게 비행기로 사진으로 찍으니까 자동차가 몇 대 다니는지 바로 보이잖아요. 시간대별로도 확실하고요. 과학적인 거죠.

서울시가 하니까 나중에는 건설부가 그걸 전국으로 확대했어요. 항공사진으로 찍으니까 측량을 안 해도 토량土量 계산도 할 수 있고 도로계획도 다 세울 수가 있거든요. 아주 정확하지는 않아도 오차 범위가 크진 않아요. 개략적인 계산이나 설계는 할 수가 있죠. 나중에 세부 설계 들어갈 적에는 제대로 설계하는 거죠. 그러니까 개략적인 공사비나 필요한 공정 같은 건 금방 알 수 있었죠. 상당히 편리해요. 예산 짜는 데도 편리하고요. 그래서 도시계획은 모두 이런 방식으로 하려고 했는데, 나중에 온 사람들이 그걸 모르고 방치했어요. 그러다가 전부 그냥 무허가 건물 단속용으로 사용하고 말았어요. 제가 부서를 옮긴 다음에 후임자들한테 물어보니까 그때 붙여놨던 항공사진들이 어디에 있는지 못 찾는다고 그러더라고요.

제가 도시계획과에서 그걸 가지고 1:3,000 지형도 형태로 만들었거든요. 민원으로 도시계획증명원을 발급하면 민원인이 도면을 사야 했어요. 그러니까 우리가 이걸 만들어서 팔면 수익이 된다는 거였죠. 그래서 1:3,000 지도에 항공사진을 찍어서 넣었어요. 집이나 건물들은 항공사진에 다 있잖아요. 거기에 번지수를 다 집어넣는 거죠. 그걸 도시계획이랑 대비하면 확실히 알 수 있는 거죠. 물론 지적도하고 완전하게 일치되지는 않아요. 그러니까 측량에는 쓸 수 없어요. 하지만 보는 데는 지장이 없거든요. 측량에서는 1~2cm 차이가 나타나지만 그 정도는 오차 범위 이내거든요.

그렇게 만든 게 현재의 1:3,000 지적현황도예요. 원래 지적현황도는 측량을 해서 만들거든요. 그런데 집집마다 측량하기가 어렵잖아요. 하늘에서 항공사진을 찍으면 집들 모양이 다 나오잖아요. 그걸 다 도상으로 그리는 거죠. 나중에 그걸 청와대가 알아서 "야, 이거 너무 잘 됐다."라고 해서 전국적으로 퍼졌어요. 그래서 지금은 전국 각 시도별로 모두 1:3,000 지적현황도를 쓰고 있어요.

나중에 서울시에서는 항공사진을 사용해서 무허가 건물 단속에서 사용했다고 하더라고요.

서초구청장 하던 조남호 씨라고 있었어요. 그 사람이 서울시 주택계장을 할 적에 무허가 건물들 단속용으로 항공사진을 활용했으면 좋겠다고 해서 자료를 빌려 갔어요. 그게 계기가 돼서 나중에 건축과에서 항공사진을 이용해서 무허가 건물들 찾아내는 데 사용하게 됐어요.

적은 보상비 받고 쫓겨났던 서민들 소식에 가슴 아파

철거민들과 관련된 일화는 없었나요?

도시계획도로의 확장공사는 구청에서 집행했어요. 감정을 하면 시가의 20~25% 밖에 못 받아요. 공사 날짜는 정해져 있는데, 안 하겠다는 사람은 많으니까요. 구청에서는 매일같이 직원들이 집집마다 방문하면서 동의해 달라고 해요. 그런데 제일 마음이 아픈 거는 나이 먹은 사람들이 보상비 받고 철거당한 후에 수소문해 보면 그 노인분이 돌아가셨다고 하더라고요. 공사를 할 때에 윗사람들은 그거를 몰라요. 하지만 실무를 직접 겪은 사람은 그 서민들이 보상비 조금 받고 어쩔 수 없이 쫓겨나서 산다는 것을 알고 있잖아요. 나중에 심적 고통으로 일찍 죽었다는 얘기를 듣게 되면 그게 제일 마음에 아파요.

철거 당시 자주 현장에 나가셨나요?

구청에 있을 때는 현장에 거의 살았어요. 왜냐하면 아침이나 새벽에 가서라도 설득을 해야 했거든요. 밑에 직원만 시켜서는 일이 안 돼요. 안 되면 과장급이 직접 가야 해요. 제일 철거하기 어려운 곳이 교회였어요. 목사는 무조건 안 된다고 해요. 그래서 예배 볼 적에 가서 뒤에 앉아 있어요. 예배 끝나면 그 교회 목사를 만나고 재정담당 장로를 만나서 설득을 해요. 처음에는 거절하다가 한 달이고, 석 달이고 그러면 그 사람들도 지쳐서 나중에는 동의를 다 해 줘요. 그렇게 현장에서 살다시피 했죠.

청계천 하천부지 잔여지, 평화시장 옆으로는 상가 들어서

청계천 같은 경우에는 복개 이후 주변에 상업시설들이 많이 들어섰는데요. 도시계획에서는 어떻게 구상된 것이었나요?

청계천 양쪽으로 하천부지의 잔여지에 평화시장 같은 상가가 쭉 들어섰잖아요. 원래 청계천이 서울에서 무허가 건물도 가장 많았고, 사고나 범죄도 가장 많았어요. 범죄의 온상이었죠. 그런데 일단 철거를 시작하면 그 땅을 사용할 수 있는 계획을 세워야 해

오늘날의 평화시장

요. 하폭을 생각해서 도로 폭도 정하고요. 50m로 잡았어요. 그걸로 전농교에서 청계천 하류까지 계획선을 그었죠. 그러니까 하천 잔여 부지 양쪽에 땅이 많이 남게 됐어요. 그래서 동대문운동장 양쪽에 신평화상가, 동대문 쪽에는 동대문상가 A동·B동·C동·D동이 만들어졌죠. 그것이 현재의 모습이에요.

도시계획에서 잔여지는 모두 상가지구로 지정했나요?

어차피 도심권은 전부 상업지역으로 지정되어 있어서 구태여 그곳을 상가지역으로 지정할 필요는 없었어요.

그런데 잔여지는 하천부지에서 나온 거잖아요. 그렇다면 국공유지였죠?

그렇죠. 하천부지는 모두 국유지죠.

서울시가 매각할 수 있나요?

원래 국유지는 국세청에서 관리를 해야 해요. 그런데 국세청도 행정이 그때는 다 뻗치지 못했거든요. 그래서 국유지 관리를 거의 지방에 위임한 상태였어요. 서울시가 그걸 관리하고 있으니까 생각 있는 사람들이 잔여지에 대해서 상가건물 계획을 세워서 허가신청을 해오면 서울시가 허가해 주는 거죠. 이렇게 해서 청계천 양변에 상가들이 들어선 거죠.

처음부터 양변에 4~5층 상가들이 도시계획안에 있었던 것이 아니었나요?

그렇지는 않았어요. 청계천 철거하면서 도시계획선을 긋다 보니까 잔여지가 생기는 거였어요. 서울 사람들이 참 약아요. 잔여지가 생기니까 그거를 활용하기 위해서 청계천 하류까지 상가건물이 들어선 거죠.

전두환 정부 시절,
서울시 공무원 숙정의 주요 대상은 건축과

1980년대 전두환 정부가 들어서면서 서울시 공무원들이 대거 숙정肅正되는 일이 있었던 걸로 알고 있습니다. 건설이나 도시계획 분야의 공무원들한테 영향이 많았나요?

숙정하면서 민원업무가 많던 건축과 직원들이 많이 당했습니다. 건축직은 단독으로 보는 업무가 많거든요. 설계 같은 것은 당사자가 혼자 했어요. 건축주랑 공무원이랑 둘이서 할 수도 있는 거죠. 건축이 복마전이라고 할 수 있죠. 대거 숙정 당했어요. 그런데 도시계획이나 토목 쪽은 그렇지 않았어요. 토목은 설계를 하더라도 다 결재를 받아야 했죠. 그리고 도시계획과는 입안이 전부 도시계획위원회까지 올라가니까요. 공개된 업무죠. 누구한테 특정하게 부탁을 받고 할 수 있는 게 아니었거든요.

전두환 때의 공무원 군기잡기라고 할 수 있죠. 당시 정부에서는 부정 공무원이 20% 혹은 30%라고 아예 선을 그었어요. 거의 30%를 잘라내라고 했죠. 그때 애매하게 희생당한 사람들이 많이 있어요. 윗사람한테 미움을 샀거나 찍힌 사람들은 명단에 올라가니까 본의 아니게 사표 내고 나간 사람들이 많아요.

도시계획과도 직원의 30%가 나갔나요?

예, 그랬죠. 그때가 1980년이었는데 제가 막 사무관이 됐을 때였어요. 여하튼 통틀어서 자르라는 선이 내려왔어요. 거기를 맞춰야 했어요. 안 맞추면 만날 감사원에 끌려가야 해요. 서울시 감사관은 감사원의 오더를 받고, 감사관은 각 국장한테 하달하고, 서류로 명단 받고 그랬죠. 아주 살벌했어요. 그 당시에 무능한 사람, 병역을 기피했던 사람, 외부 시민들 입방아에 오르는 사람, 이런 사람들을 전부 추려냈어요. 인민재판 받듯이 그냥 쫓겨난 사람들도 많이 있어요. 그중에서도 저 같은 사람들은 살아남았죠.

전두환 정부 시절, 군 출신 사무관들이 우선 진급

서울시에 군 출신이 고위직으로 많이 왔죠?

물론이죠. 군 출신들을 전부 집어넣었죠. 사무관으로 왔는데 다 대위였어요. 영관급으로 온 사람들은 국장으로, 위관급은 사무관으로 왔죠. 진급도 군 출신들만 하고요. 덕분에 일반 평직원들은 진급이 안 됐어요. 고과 점수를 전부 그네들만 집중해서 해주는 거예요. 그네들 군 출신만 서기관이 되고 다 그렇게 됐죠.

1960~1970년대는 군 출신들이 서울시로 안 왔나요?

윤태일 같은 시장이 왔지요. 물론 국장급까지는 군 출신이 왔었어요. 그런데 전두환 정부부터는 군 출신이 과장급까지 온 거죠.

(전두환 정부 때) 서울시 직원들이 대거 해임되었다고 그랬는데요. 그러면 그 자리로 고위급은 군인 출신들이 왔던 건가요?

유신사무관들이 왔죠.[4] 그 바람에 다른 공무원의 진급이 막혔죠.

시영 사업장을 시찰하는 윤태일 시장(1961년)

기존 공무원들은 거기에 또 밀려나가는 거죠. 이래 진급 못 하고, 저래 진급 못 하고 그랬어요. 우리 같은 사람들이 가장 피해가 막심했죠.

군 출신들이 오면서 업무 자체에 변화는 없었나요?

마찬가지에요. 업무 변화는 하나도 없었어요. 다만 대통령 본인이 자기 실적을 내겠다고 해서 올림픽경기를 유치했고 한강개발도 했죠. 자기가 뭔가 치적을 남기겠다고 시작한 거였어요.

한강개발 때문에 도시계획과의 업무량이 많아졌나요?

그건 아니었어요. 별도로 종합건설본부가 만들어졌으니까요. 그쪽 일은 그쪽에서 한 거죠.

군 출신들이 업무를 잘했나요?

깔끔하게 하지는 못하죠. 왜냐하면 도시계획이 그냥 앉아서 만드는 것이 아니거든요. 역사나 토지의 배경도 다 알아야 계획을 세울 수가 있어요. 실태를 알아야 해요. 주민이 선택하는 것도 있잖아요. 그런 것들을 종합해야 주거지역, 상업지역 혹은 준주거지역 등으로 설정할 수가 있어요. 또 도로를 몇 미터로 놓을지

---

4 1977~1988년에 실시되었던 공무원 채용제도로 사관학교 출신 대위 전역자를 5급 사무관으로 채용하는 제도이다.

는 지역의 형태나 특성을 알아야 하거든요.

그런데 그네들은 그런 걸 모르니까 앞에 해놨던 걸 그냥 사무처리만 하는 거였어요. 그래서 우리가 교육을 시켰어요. 그렇게 저한테 교육받은 이들이 상급자가 되는 거예요. 그래도 제가 원래는 고참이니까 저한테 깍듯이 존칭을 붙이고 인사를 했어요. 비록 계급은 달라졌지만요.

업무지식이 풍부해 라디오방송에서 도시계획 상담을 진행

그런 와중에도 라디오에 정기적으로 출연해서 도시계획과 관련된 인터뷰를 많이 하셨다고 알고 있습니다.

당시 방송국에서 프로그램을 만들면서 서울시 도시계획 분야에서 가장 답변을 잘해 줄 수 있는 사람을 한 명 보내 달라고 그랬어요. 처음에는 동아방송이었어요. 그랬는데 인기가 좋으니까 다른 방송국들도 하게 됐어요. 그 당시 제가 시청 내에서도 도시계획에 대해서 많이 답변을 했거든요. 산하 구청이나 지방에서 올라오는 문의사항부터 도시계획심의위원회에 들어가서 답변하는 것도 제가 많이 했어요. 법률 조항을 인용하고 육하원칙에 의해서 답변하는 일을 많이 했어요.

제가 방송국에서 도시계획과 관련된 상담을 한 5~6년 정도를 했어요. KBS, MBC, 기독교방송, 동아방송 같은 곳에서요. 도시계획을 상담해 주는 거였죠. 그게 당시에는 굉장히 인기가 있었어요. 부동산 업자들이 땅 사려고 많이 들었어요. 어디가 어떻게 발전을 할 것인지 지침이 내려오는 것을 가지고 답변해 주는 거죠.

생방송이었나요?

그렇죠. 녹음이 아니라 생방송이었어요. 전화 상담을 했어요. 김현옥 시장 때였으니까 1967~1968년부터 했던 거 같아요. 그러다가 1971~1972년 무렵에 다른 사람이 맡아서 하게 됐어요. 제가 다른 부서로 갔거든요.

도시개발 관련 질문을 가장 많이 했던 사람들은 동대문의 포목상들

라디오 방송할 때는 주로 어떤 상담들이 많았나요?

어디가 어떻게 개발될 건지 혹은 어디 도로는 언제쯤 개설될 건지 물어봐요. 무슨 질문이 나올지는 몰라도 제가 도시계획의 전체를 파악하고 있고, 법령도 머릿속에 있으니까 답변은 할 수 있었어요. 예를 들어서 "이 개발은 지금 서울시에 돈이 없으니까 5

년 정도 후에 될 거다." 혹은 "이 도로는 내년이면 개설될 거다." 라고 말해주는 거예요. 그러면 제일 관심을 가진 사람들이 동대문 포목상들이었어요. 거기 광장시장 사람들이 부자예요. 우리한테 많이 물었어요.

그리고 자기 집 앞의 골목길이 어떻게 되는지도 물어봐요. 제가 매일같이 도면을 보기 때문에 웬만한 길은 다 알아요. 그러면 거기에 맞는 답변을 해 줘요. 어떤 경우는 사유지인데 도로라고 하면서 해결할 수 있는지도 물어봐요. 민사상의 문제지만 〈도로교통법〉이라든가 〈도로법〉이라든가 법규로 보상을 받을 수 있는지, 혹은 막을 수 있는지 등등 그런 걸 답변해 주는 거였죠. 의무감으로 출연해서 답변해 줬죠.

요즘 공무원들은 자기한테 일이 생길 것 같으면 안 하고 피하거나 다른 사람한테 미루죠. 그런데 저는 공익적으로 봐서 필요하면 보상을 주더라도 밀고 나가야 한다고 생각했거든요. 물론 그때는 공권력이 상당히 힘이 셌던 점도 있었죠.

일과 중에 방송이 많았나요?

거의 일주일에 한 번씩 나갔던 거 같아요. 보통 힘든 게 아니었어요. 소문도 많이 났어요. 덕분에 시청 내에서 부탁도 많이 들어왔어요. 직원이나 과장들이 도시계획에 대해서 많이 물어보더라고요. 그렇지만 제가 그걸 다 알려줄 수가 없잖아요. 그러니까 아이러니하게도 적이 많아지더라고요. 도시계획 일을 하다 보니까 그렇게 돼요. 그래서 진급을 못 했어요.

철거민들이 다시 돌아오지 못하도록 광주대단지 건설

청계천 철거민들은 광주대단지로 이주했던 걸로 알고 있습니다. 당시 서울시의 도시계획에서도 그와 관련된 일을 맡았나요?

당시 철거는 많이 이뤄졌어요. 그렇지만 이주단지에 대한 계획은 구체적으로 없었을 때에요. 그런데 갑자기 상부로부터 "철거민 이주단지로서 경기도 광주 땅에 부지를 선정하고 도시계획을 입안해라."라고 명령이 왔어요. 지금의 성남시죠. 그때는 전부 산골짜기였어요. 그때 우리가 가지고 있던 게 1:3,000 도면이었어요. 몇 명이 극비리에 밤을 새우면서 이틀인가 사흘 동안에 도면을 작성했어요. 도면을 보면 등고선이 다 표시가 되어 있어요. 토지의 높낮이나 지형의 형태를 알 수가 있거든요. 기술자들은 그걸 다 보고 상태를 알 수가 있죠. 평지하고 구릉지를 구별할 수 있으니까요.

지침이 뭐냐 하면 일단 철거민들이 서울로 다시 안 들어가게 하라는 거였어요. 그 안에서 생활하고 그 안에서 먹고 살 수 있게끔 하는 게 계획이었죠. 그 지역 자체를 아주 완벽하게 생활권이 형성되게끔 도시계획을 세우라는 거였죠. 거기서 상업지역,

광주대단지 전경(1970년)

주거지역, 공업지역 같은 걸 만드는 거죠. 공장이나 상가도 만들고요. 업무 단지가 들어가고 주민들도 자급자족할 수 있도록 말이죠. 그렇게 도시계획안을 세우고 상부에 보고를 했어요. 일단 도시계획과에서는 업무가 끝났죠. 그러면서 도시계획과 내에 단지조성계團地造成係라는 것도 생겼어요.

현장답사는 하셨어요?

현장답사는 안 했어요. 도면만 가지고 했어요. 어차피 가봐야 전부 산속이니까 시야가 안 보여요. 도면으로 보는 것이 더 편해요.

단지를 조성하려면 현장의 일을 봐야 하는 사람이 있어야 하지 않았나요?

현장감독은 있었어요. 전동건 씨라고 있었어요. 파견근무를 했죠. 거기 현장에서 먹고 자고 대지조성 공사를 했던 직원이었어요. 설계대로 하는지 공사 감독을 했죠. 철거민들하고 먹고 자고 같이 생활하면서 공사를 마무리했어요. 방금 얘기한 단지조성과를 신설한 것도 광주단지 조성을 만들려고 한 거였어요.

그런데 당시 사람들이 돈이 없으니까 건물을 못 지었어요. 천막 짓고 살았죠. 집을 짓고 싶어도 철거민들이 무슨 돈이 있겠어요? 시에서도 돈이 없잖아요. 그러다 보니까 겨울에 불상사가 많이 생겼어요. 당시 연료가 연탄이잖아요. 가스 중독도 많았어요. 이걸 다 파견 나간 직원이랑 현장감독이 뒤치다꺼리를 해야 했으니 고생이 많았죠.

1971년 광주대단지 사건은 알지 못해

그곳에 공무원들은 없었나요?

거기는 허허벌판이라서 관공서 공무원들은 없었어요. 그러니까 파견된 현장감독이 했어요. 단지를 조성하는 일이니까 그 안에서 일어나는 불상사는 현장감독이 처리를 하는 거였죠. 거기는 그래서 출퇴근도 없었어요. 서울에서 거리가 머니까 거기에 천막 사무실을 만들어서 먹고 자고 했던 거죠. 그렇게 단지 조성을 마무리했던 거죠.

선생님도 몇 번 가보셨나요?

진척이 잘 됐는지, 물어보러 몇 번 가봤어요. 설계는 우리가 했지만 일단 업무는 단지조성과로 넘어갔으니까요. 책임자로 가서 관리하고 감독하지는 않았어요.

감독하러 간 건 아니고요?

저는 그냥 관심이 있으니까 몇 번 보러 간 거죠. 그 당시에 철거민들은 성남으로 오니까 도무지 생계를 꾸릴 수가 없었어요. 지금은 도로가 잘 되어 있지만 그때는 도로망이 거의 없었어요. 옛날에 만들어진 도로니까 오기가 힘들었죠. 그리고 버스도 없었어요. 한번 들어가면 나오기가 참 어려운 땅이었죠.

광주대단지의 도시계획 규모는 몇 평 정도였나요?

잘 기억이 안 나요. 300만 평 정도 될까요? 어쨌든 넓게 잡았어요. 인구는 20만 명 내지 30만 명 정도 계획인구로 잡고 설계를 했어요.

광주대단지 주민대표와 면담하는 양택식 시장(1972년)

도시계획 설계한 게 몇 년 후쯤에 준공이 될 거라고 예상을 하셨어요?

조성하는 것 자체는 2~3년이면 공사가 끝나요. 불도저로 밀어서 만드니까 그렇게 오래 걸리지는 않아요. 당시에 서울시장이 빨리한다고 했기 때문에 과課까지 새로 만들어서 추진을 했던 거였죠. 현장감독도 있었으니까 지지부진하진 않았어요.

서울시청에서는 직원이 몇 명 정도 나갔나요?

주무감독하고 보조감독까지 3~4명 정도 갔어요. 철거민이 오면 땅을 분배해 줘요. 감독들이 도면을 보고 자리를 배치해 주면 철거민들이 그 위치에다가 천막 치는 거죠. 천막 치고 살면 쫓겨

다닐 필요도 없고 땅은 시에서 제공한 거니까 내 땅이죠. 먹고 살 수 있게끔 해 준 거죠. 성남시가 그렇게 해서 만들어진 거 같다고 봐요.

그 당시는 정착촌을 만들어 줄 수 있는 행정력이 없었어요. 그냥 내쫓아버리고 철거만 하니까 달동네가 생기는 거였어요. 그러니까 그걸 방지하기 위해서 위에서는 일단 단지를 만들어야겠다고 생각을 한 거 같아요. 그래서 서울시에서 광주에 단지를 조성했던 거죠.

1971년에 광주대단지 사건[5]이 일어났을 당시 기억나는 일이 있으신가요?

그거는 모르겠어요. 저는 계획부서였으니까요. 관리부서가 아니었거든요. 현장에 있던 사람들은 알 수도 있을 것 같네요.

---

5 1968년부터 서울시는 시내에 있는 무허가 판자촌 정리사업의 일환으로 경기도 광주군에 광주대단지(현 성남시)를 조성하여 철거민을 집단 이주시킬 계획을 세웠다. 1969년 9월부터 철거민에 대한 이주가 이루어졌고 분양이 이뤄졌으나 기반 시설을 전혀 조성하지 않았기 때문에 이주민들은 상하수도 시설조차 없는 곳에 천막이나 판잣집을 짓고 생활하였다. 빈민의 유입은 꾸준히 급증하여 1971년 8월경에는 15~17만 명에 달하였는데, 이런 상황에서 서울시는 분양증 전매 금지와 함께 높은 가격의 토지대금일시상환 조치를 발표하였다. 주민들의 반발이 거세지면서 광주대단지 제일교회 목사인 전성천을 대표로 대책위원회가 구성되었다. 이들이 진정서를 제출하였으나 서울시의 응답은 없었다. 대책위는 투쟁위원회로 전환하고 1971년 8월 10일 대규모 궐기대회를 열었다. 결국 서울시는 시내 철거민의 광주대단지 이주 중지, 광주대단지 내 재산의 경기도 이관, 경비 보조 등의 결정을 내렸다. 이 사건은 급속한 산업화 과정에서 생성된 도시 빈민층의 생존 위협 상황을 여실히 드러낸 사건으로 빈민운동의 시발점으로 평가된다. 2021년 3월 성남시는 '광주대단지사건'의 명칭을 '8 · 10성남(광주대단지)민권운동'으로 변경하였다.

도시의 난개발 막기 위해 〈토지형질변경행위허가심의회규정〉을 입법

〈토지형질변경행위허가심의회규정〉의 입법 작업을 하셨다고 들었습니다. 그와 관련된 이야기를 듣고 싶습니다.

무허가 건물 철거를 계속했는데 1970년대 즈음에 보니까 그 건물들이 이제는 산으로 기어오르더라고요. 무질서하게 그냥 들어가요. 〈도시계획법〉이 있어도 그랬어요. 〈산림법〉으로 개간 허가를 받은 다음에는 건물들이 막 들어서는 거죠. 다 무허가예요. 그래서 1971년에 〈도시계획법〉을 전면 개정했어요. 그때 건설부랑 협의를 했거든요. 도시계획구역 안에서는 도시계획에 맞지 않는 건축물은 짓지 못하도록 했죠. 토지형질변경허가를 받아야만 개발행위를 할 수 있도록 한 거죠. 그래야 도시계획이 체계 있게 수립될 수 있거든요. 무질서하게 한쪽만 하면 도시가 난개발이 되어버리거든요. 그걸 억제하기 위해 '형질변경'이라는 조항이 들어가게 됐죠.

그러면 규제를 어떻게 할 건지가 문제가 됐어요. 어디까지 건물이 들어갈 수 있도록 허용을 해줄 것인지 정해야 하잖아요. 등고선, 표고라고 하죠. 그게 너무 올라가면 산을 가려서 전망이 다 가려져요. 그래서 당시에 풍치지구를 아주 강력히 규제했어요. 표고 70m 이상은 못 만들도록 정했어요. 이렇게 해서 풍치지

고지대에 지어진 무허가 건물(1977년)

구에는 3층 이상의 건물이 못 들어가게 했어요. 최소한도 2층 범위 내에서 건물을 짓도록 유도한 거죠. 어떻게든 산을 보존시키려고 했어요.

문제는 선거 때만 되면 국회의원들이 전부 선거공약으로 깨트려버려요. 산인데 공장을 지어준다고 하면서 남발해요. 일단 그러면 합법으로 되잖아요. 제가 이러면 안 되겠다 싶은 거예요. 그래서 규정을 만든 거예요. 당시 법은 건설부가 만들었지만, 구체적인 지침은 안 만들었거든요. 그런데 서울시는 현실이잖아요. 지방은 문제가 안 됐지만, 그 당시에는 모든 사람이 서울로 몰려올 때였죠. 산을 다 갉아먹잖아요. 그거를 방지하기 위해서 형질변경 조항을 만들어 놓은 거죠. 일정 면적 이하는 토지로 분할 못하게끔 했어요.

토지를 일정 면적 이하로 분할을 못 하게 하면 어떤 효과가 있나요?

왜냐하면 토지를 잘게 쪼개서 팔았거든요. 그래서 최소한 1택지 미만은 안 되게 했어요. 1택지가 그 당시에는 27평이었어요. 그리고 상업지역은 100평, 이렇게 지형 용도별로 지역별로 기준 면적을 정했어요. 조례에 그걸 집어넣었죠. 그러고 보니까 지적과하고 싸워야 했어요. 서로 간에 업무상 충돌이 되거든요. 도시계획과에서 전부 규제를 한 거니까요. 지적과에서 성토를 했죠. 그래도 저는 꿋꿋하게 관철했어요. 서울시 조례로 형질변경 조례를 만들었죠.

그러니까 건설부에서 우리가 하는 걸 보고서 지금의 형질변경지침을 만들었어요. 그게 전국적으로 퍼져서 형질변경행위허가 자체를 굉장히 까다롭고 어렵게 만들었죠. 이전에는 지적과에서 마음대로 지목을 대지로 바꿨었어요. 밭이나 논이었던 땅을 돈만 주면 대지로 형질을 바꿔줬어요. 그런데 이제는 형질변경허가를 받지 않고는 절대로 지목을 전답에서 대지로 바꿀 수가 없게 된 거죠. 〈토지형질변경행위허가심의회규정〉이라고 해요. 1980년에 서울시가 최초로 만든 거예요. 지금도 보람을 느끼고 있죠.

그리고 1981년에는 기존의 무허가 건물을 양성화시켜 주기도 했어요. 대신 이후에 무허가로 짓는 건 철거하기로 하고요. 각서도 받았어요. 동결시키는 거죠. 앞으로 짓는 것만은 절대로 놔두지 않고 다 철거시키기로 했던 거예요.[6]

그건 서울시 차원이었나요? 아니면 국가 차원이었나요?

무허가 건축물 철거대책은 국가 차원의 일이었어요. 그래서 그 다음부터는 1980년도 이전에 지었는지, 그 이후에 지었는지를 따진 다음에 철거를 했죠. 물론 그게 운영은 잘 안됐어요.

출소자들을 가로정비계 임시직원으로 고용해 철거단속

나중에 중구청 토목과장으로 가신 걸로 알고 있는데요. 거기서는 어떤 일이 있었나요?

1975년에 중구 토목과장으로 갔어요. 토목과에서 하는 게 철거

6 1980년 법률 제3259호로 〈준공미필 기존 건축물 정리에 관한 특별 조치법〉이 제정·공포되면서 건축허가를 받았으나 준공검사를 마치지 못한 건축물에 대한 구제방안이 마련되었다. 이 법안은 그해 7월 5일부터 시행되어, 1983년 12월 31일까지 한시적으로 시행되었다.

업무와 보상업무였어요. 그걸로 아주 고생을 했죠. 상가의 상인들은 저항이 하나도 없었어요. 다만 보상금이 있었기 때문에 많이 달라고 하죠. 물론 많이 줄 수는 없어요. 구자춘 시장 때였는데 감정가 50% 이하로 결재를 받아야 해요. 우리가 함부로 공금을 줄 수가 없어요.

당시 관례도 감정가격의 50% 이하였어요. 그리고 감정가가 시가의 절반 정도거든요. 그러니까 얼마나 적습니까? 시민들이 버티는 거죠. 안 하면 토지수용 당해서 강제로 철거당하는 거니까요. 그 당시에 제일 골치가 철거단속원들이었어요. 토목과에 있는 가로정비계 임시직원들이었거든요. 그 사람들이 노점상 철거랑 단속을 했어요. 행패가 참 심했어요.

문제가 많았나요?

그 사람들은 구청 직원이나 구청장보다 더 큰소리를 쳐요. 무허가 단속하고 정비하는 사람들이 중부경찰서에서 의뢰해서 왔거든요. 감옥에서 형기를 마치고 온 사람들이에요. 재범하지 않고 살아갈 수 있게 해야 하는 사람들이었어요. 이런 사람들이 많이 있었어요. 경찰서에서도 그런 재소자들 떠넘길 곳이 관청이에요. 제일 약한 게 관청이거든요. 그런데 관청에서는 이들을 어디에 쓰겠어요? 무허가 건물 단속도 하고, 가로 정비도 하고, 노점상 단속도 하고, 아가씨촌의 부녀자들 단속하는데 그네들을 내보내는 거예요. 원래는 착하게 살겠다고 해요. 하지만 한번 그런

시내 노점상 철거 모습(1968년)

일을 맡게 되면 물불을 가리지 않고 일을 하거든요. 그리고 잘해요. 아가씨들도 막 잡아들이고 그래요. 그러면 부녀보호소에 모두 보내는 거죠. 영등포나 세곡동 같은 곳에요. 거기에 부녀자보호소가 있었어요.

그러니까 철거단속하는 사람들은 궂은 일을 하기 때문에 나쁜 짓을 뒤로 하고 수입을 잡아서 먹고 살아도 처벌을 못 해요. 명동에 좌판들이 지금은 다 허가제로 있지만 그때는 아니었거든요. 그 사람들이 단속했어요. 노점들 눈감아주고 수입을 걷는 거죠. 구청장도 "단속원들이 죽일 놈이다. 아주 구청장보다 높은 자리에 앉아 있다."라고 그랬어요. 그렇지만 그 사람들이 도시계획 철거에도 동원되니까요. 함부로 못 해요. 그런 것이 상당히 어려워요. 인력 관리하기가 힘들죠. 당시 20~30명 정도 됐어요.

노점상 단속, 일부 항의는 있었지만 큰 저항은 없어

노점상은 어느 정도 있었나요?

많았어요. 청계천변부터 동대문운동장까지 밤이고 낮이고 있었어요. 지하도에도 노점상이 있었어요. 명동거리 같은 곳은 장사가 잘 되니까 노점상이 많았거든요. 그거는 헤아릴 수가 없죠.

노점상들이 저항을 안 했나요?

저항은 못해요. 저항하면 단속반이 막 때려 부수니까요. 그러면 그냥 그대로 손해 보는 거니까요. 거기서 이의를 제기하는 사람은 현수막 같은 거 길거리에 붙여놓고 "왜 내 사유물을 건드리냐? 보상해라."라고 말하는 정도죠. 그러면 우리는 "소송 걸어라."라고 하는 거죠. 물론 소송을 걸어봤자 자기들이 지는 걸 알기 때문에 걸지 않죠. 어쨌든 항의하는 사람들도 많이 있어요.

간판을 강제로 끌고 오고, 현수막 끌고 오고, 거둬오고, 이의를 제기하죠. 하지만 그렇게 떠들기만 하는 거죠. 더 이상 할 수 있는 게 없죠.

재소자 출신들을 임시직원으로 쓰던 방식은 그 후에도 계속되었나요?

제가 나온 다음에는 모르겠어요. 그리고 이 사람들은 한 번 오면 몇 년씩 해요. 결원이 있으면 경찰서에 말해서 더 달라고 하고요. 그 사람들이 일을 열심히 했어요. 눈치도 빨랐고요. 그리고 그네들이 화재 처리도 했어요. 뒤처리를 해야 하거든요. 불이 나면 사람들도 죽거든요. 뒤치다꺼리를 경찰이 해야 하는데, 어려운 거는 구청 토목과에 부탁을 해요. 그러면 임시직원들이 시체도 처리하고 그랬어요. 그런 건 각 구청에서 공통적일 거예요. 시신을 앰뷸런스에 실어주는 일 같은 거 있잖아요. 누가 하려고 하겠어요? 그런 일들을 했죠.

네, 오랜 시간 말씀해 주셔서 감사합니다.

당시에는
제대로 된 도면이 없어서
지적도를 가져다
도시계획작업을 했어요

면 담 자　오유석(성공회대)
면담주제　1960년대 서울시정과 공무원들
면담일시　2016년 6월 19일(1차), 2016년 7월 5일(2차)
면담장소　성남시 분당구 구술자 자택

류동주

1935년 일본 시즈오카 출생
1959년 서울대 물리학과 2년 수료
1970년 서울시 도시계획국 도시계획과 종합계획계장
1972년 서울시 건설국 건설행정과 건설행정계장
1973년 종로구 총무과장
1974년 서울시 내무국 행정과 행정계장
1976년 서울시 재무국 관재과장
1978년 서울시 도시계획국 도시계획1과장
1981년 서울시 주택국 주택행정과장·주택정비과장
1986년 성동구 재무국장
1987년 서울시 심사분석담당관

소공동 일대 재개발과 플라자호텔 건설 계획

이번 면담은 '1960년대 서울시정과 공무원들'이라는 주제로 실시하는 서울역사편찬원의 구술채록사업입니다. 오늘은 류동주 선생님을 모셨습니다. 선생님께서는 서울시 내무국 인사과, 도시계획국 도시계획과, 건설국 건설행정과, 주택국 주택행정과장 등을 지내셨습니다. 또한 1970년 서울시가 도시계획을 세우실 당시 실무를 맡으셨던 것으로 알고 있습니다. 그에 대해서 말씀을 부탁드리겠습니다.

1970년에 서울시 도시기본계획이 나왔어요. 그때 제가 도시계획과에서 종합계획계장으로 있었어요. 계장으로 했던 일 가운데 하나가 시청 앞에 있는 소공동지구 재개발계획을 세우던 중에 플라자호텔에 대한 기본계획을 짜는 것이었어요. 당시 재개발 아이디어 중 하나가 플라자호텔의 모母계획이거든요. 원래 그 주변에 1층짜리 단층 건물들이 많았고 화교들이 많이 살았죠. 박정희 대통령이 시청에 오실 때마다 재개발을 하라고 지시를 했었어요. 그래서 국장이 두 번이나 기본계획을 세워 청와대에 제출했는데, 퇴짜를 받았어요. 그래서 저한테 세 번째 안을 만들라고 했었던 거죠.

그때 시장이었던 김현옥 씨가 내무부에서 데려온 윤진우 씨라고 있었어요. 과장으로 있다가 국장이 되었거든요. 그러면서

플라자호텔(1976년)

제가 그 밑에서 일을 했어요. 기본계획을 세우기 위해서 제가 3달 동안 그 지역 조사를 했거든요. 임대료, 집값, 건축비, 보상비, 이런 것들이 얼마나 나오는지 시장조사를 했죠. 그렇게 한 다음에 중국 화교들을 모아놓고 설명을 했어요. 브리핑 차트를 만들어서요.

그래서 플라자호텔을 만들자는 아이디어 중 대다수는 제 의견이 반영된 거였어요. 길을 어떻게 넓힐 것인지, 몇 층으로 할 것인지, 의견을 냈거든요. 그때 제가 23층으로 제안했어요. 최소한 18층 이상은 지어야 한다고 생각했어요. 그래야만 사람들이 손해를 안 본다고 했죠. 법인세, 재산세, 취득세 면세 규정도 적용될 수 있게 계획안을 넣었죠. 그래서 5년 동안 면제해 주자고 안을 냈어요. 그렇게 해서 23층으로 짓고, 〈외자도입법〉도 적극 허용해야 한다고 했죠.

화교들을 모아 놓고 회의도 3~4번 했어요. 화교협회라고 있었거든요. 지금의 외환은행 본점 자리에 내무부가 있었어요. 내무부가 떠나면서 자리가 비어있었는데, 그곳에 가건물을 지어서 화교들을 수용했죠. 다른 곳에 가서 장사할 수는 없었거든요. 일단 집을 다 지을 때까지는 여기서 밥 먹고살라고 한 거죠. 그때 줬던 집이 2~3평 크기였어요.

가건물만 지어줘도 괜찮았나요?

그때는 도시를 재개발할 때 제대로 된 법이 없었어요. 일종의 편법으로 한 거죠. 그러면서 수용도 한 거죠. 제가 건축 전공이 아니잖아요. 그래도 기본 아이디어랑 스케치 정도는 했어요. 그런 걸 파일럿 플랜Pilot plan이라고 해요. 기본 설계는 업자를 선정해서 맡기는 거죠. 그런데 나중에는 저보고 도시재개발을 맡으라고 하더라고요. 그래서 그거는 못한다고 했어요.

그럼 어떻게 하셨나요?

뉴질랜드에 있는 오클랜드대학[1]으로 유학을 갔어요. 거기서 1년 동안 공부를 했죠.

서울시 차원에서 유학을 다녀온 건가요?

정부 계획이었어요. 공무원들을 해외에 보내서 훈련시키는 거죠. 당시 뉴질랜드랑 수교하면서 그런 프로그램이 생겼던 거죠. 과학기술처에서 추진했어요. 제가 갔던 오클랜드대학의 건축대학에 도시계획과가 있었어요. 우리나라로 치면 전문대학원이랑 비슷한 거죠.

시험을 보셨나요?

어학 시험을 쳤어요. 일단 과학기술처에서 서울시로 할당이 와요. 이런 프로젝트가 있는데 갈 사람 있으면 시험을 치라고 말이죠. 저는 운이 좋았어요. 그전에 기획관리실의 기획조정계장으로 있으면서 일본에 3달 정도 다녀왔거든요. 일본 지방공무원 관리자 교육기관으로 자치대학[2]이라고도 했어요. 우리로 치면 중

1 1883년 설립된 뉴질랜드 오클랜드에 있는 연구 중심의 공립 종합대학이다. 뉴질랜드에서 가장 큰 대학으로 5개의 캠퍼스와 8개의 단과대학, 3곳의 연구기관이 있다.

2 일본 자치대학은 1953년 설립되었다. 총무성 소속으로 도쿄에 위치해 있다. 일본 내 지방자치단체 간부와 직원들의 교육을 담당하는 중앙연수기관이다. 또한 지방자치행정에 대한 조사와 연구를 비롯해 자료 수집과 편찬 등을 담당하고 있다.

앙이나 지방의 공무원교육원 같은 곳이에요. 그곳에 가서 제도랑 현장 견학을 하고 왔지요. 도시기본계획 일을 위해서 갔다 온 거죠. 그것도 원래는 기획과장이 간다고 했거든요. 그런데 나이 제한에 걸렸어요. 40세 이하여야 했는데 과장이 42세였거든요. 그래서 제가 가서 일본의 재개발 방식에 대한 내용들을 수강했죠. 여러 책자도 구했어요. 그걸 보고 아이디어를 짜서 플라자호텔 계획을 세운 거죠. 기본 방향을 그렇게 정한 거였어요.

책들을 보니까 일본도 영국에서 하던 것들을 배워서 온 거였어요. 마침 오클랜드대학의 도시계획과에서 학생 1명을 1년 과정으로 받는다고 하더라고요. 그래서 과장한테 도시계획 공부를 하겠다고 했어요. 그분도 제가 자질이 있어 보였나 봐요. 다른 건축과 출신들보다 기본자세가 잘 되어 있다고 하면서 승낙을 해줬어요.

언제 오클랜드대학으로 가신 건가요?

1971년 11월이었어요. 일단 외국 훈련생은 영어가 서툴러요. 그래서 우선은 웰링턴에 빅토리아대학이라고 있어요. 그곳에서 3달 동안 영어 훈련을 받고, 오클랜드대학에 가서 시험을 쳤죠. 그리고 합격해서 1년 동안 공부한 거죠. 거기서 '도시계획이란 무엇인가?', '도시계획은 어떻게 세우는 것인가?', '도시계획을 왜 만드는 것인가?', 그런 것들을 1년 동안 배웠어요.

서울 각 구청의 구획 정리 사업 수립

다시 귀국한 다음에는 배운 것을 활용해야 하겠네요.

그렇죠. 일단 돌아온 다음에는 종로구청 총무과장으로 가서 새마을사업을 하다가 시청 행정과로 갔어요. 그곳에서 서울시 구역 재조정을 맡았지요. 구청의 구역을 정리하는 작업이었어요. 구자춘 시장 때였는데 그때까지도 구청 경계는 들락날락했어요. 그래서 제가 기획안을 만들었죠. 일단은 지형을 봐 가면서 그어야 하잖아요. 그래서 간선도로를 중심으로 자르기로 했죠. 그리고 철도 같은 시설물을 경계로 해서 지역사회가 단절되지 않도록 했어요.

핵심은 동질성이었어요. 자연의 경계, 그다음에 인문적인 경계로 구역을 나누는 거죠. 주민들 교류가 잘 되고 일체감을 가질 수 있는 구역을 묶는 거죠. 그렇게 하니까 종로와 중구를 합쳐야 하더라고요. 그런데 합치면 너무 커져요. 다른 구區들하고는 경쟁이 안 돼요. 모두 종로구청장을 하려고 하겠죠. 그래서 종로와 중구는 그대로 두고, 양쪽을 경쟁을 시켜서 발전시키는 것으로 했죠. 그래야 구의 행정도 발달하거든요. 구자춘 시장도 "네 말이 맞다. 그렇게 해라."라고 했어요.

그러면서 원래 서대문구였던 자하문 밖의 평창동은 종로구로 편입했어요. 거기 주민들이 타는 버스가 전부 종로에서 왔거든요. 종로구랑 같은 지역사회인 거죠. 그리고 통일로 주변에서 무

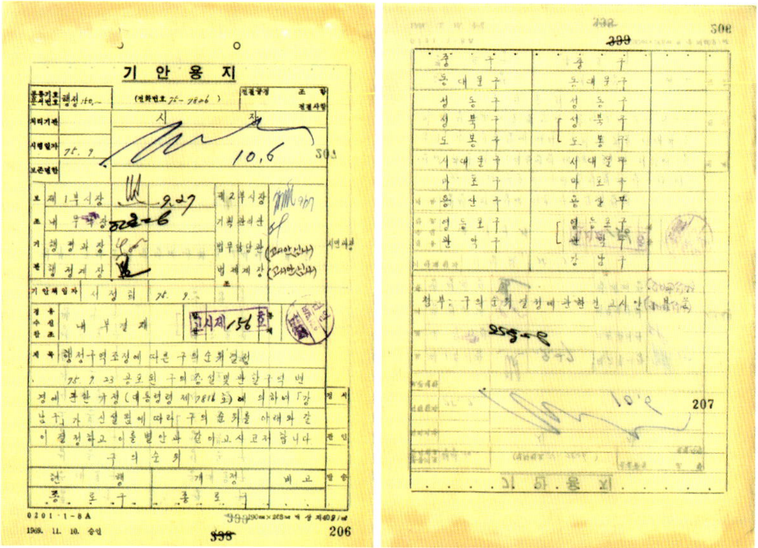
기 안 용 지

시 장

제목 행정구역조정에 따른 구의순위결정

75. 9. 23 공포된 구의증설 및 관할구역 변경에 관한 규정(대통령령 제7816호)에 의하여 「강남구」가 신설됨에 따라 구의 순위를 아래와 같이 결정하고 이를 별안과 같이 고시코자 합니다

구의순위

현행	개정
종로구	종로구
중구	중구
동대문구	동대문구
성동구	성동구
성북구	성북구
도봉구	도봉구
서대문구	서대문구
마포구	마포구
용산구	용산구
영등포구	영등포구
관악구	관악구
	강남구

첨부: 구의순위결정에 관한 건 고시안

행정구역 조정에 따른 구청 순위 조정 관련 공문(1975년)

학재 넘어가는 지역의 오른쪽은 종로, 왼쪽은 서대문으로 정했지요. 또 서대문 로터리에서 마포로 가는 길을 중심으로 오른쪽은 서대문구로 하고, 왼쪽은 중구로 정했어요. 중구는 용산구였던 동자동을 가져갔어요. 신당동은 원래 성동구였는데, 산을 경계로 해서 안쪽, 그러니까 서쪽이죠. 그쪽은 전부 중구로 보냈어요.

또 신설동 로터리에는 원래 고가도로가 있었어요. 그걸로 양쪽이 분리되어 있었죠. 그래서 그 서쪽은 종로구로 넣었고, 나머지는 동대문구에 남은 거죠. 그리고 강남도 도로를 기준으로 분리했죠. 강남은 경부고속도로를 경계로 했어요. 그런데 나중에는 청와대랑 협의를 했어요. 그렇게 하니까 선거할 때 구역이 복잡해지거든요. 그래서 영동대로를 기준으로 구역을 잘랐어요. 구역 조정의 기본은 도로였어요. 그렇게 해서 구역을 조정한 거죠. 구역을 만들어 놓은 다음에는 각 구청 총무과의 동정계洞政係 계장들을 다 불렀어요. 교육을 시켜야 하거든요.

동정계는 어떤 업무를 맡나요?

구청의 총무과 밑에 있어요. 동사무소 일을 총괄해서 지도하는 사람들이죠. 일단 모아놓고 가르쳐요. 지도를 보는 방법, 독도법讀圖法법을 가르쳐 주는 거죠. 그러면서 큰길로 구역을 나누는 방식을 알려주는 거죠. 30m 도로가 있으면 길을 넘어서면 다른 지역이라고 말이죠. 거기 넘어가서는 기본시설 교체 작업을 하지 말라고 말이에요.

계장들한테 기본적인 교육을 시켰네요.

그렇죠. 그리고 산이 있으면 꼭대기를 경계로 하는 것도 알려주고, 하천을 경계로 하면 물길을 반으로 나누는 것도 가르쳐 줬어요. 기본적인 지침인 거죠. 그런데 고시된 지도가 동이나 지번 단위로 표시되지 않고 지적법으로 측량한 거라서 위치를 표시하는 데 애를 좀 먹었어요. 위치가 전부 위도로 표시되어 있었거든요. 지번을 알아야 하는데 말이죠.

또 하나는 철도가 문제였어요. 수색역이었죠. 원래는 철길을 가운데로 잘라서 은평구랑 마포구로 나누려고 했거든요. 그렇게 초안을 만들었는데, 종로구 국회의원이었던 장기영 씨가 와서 물어봤어요.[3] 그럴 경우 선거에 영향이 있는지 말이에요. 원래 국회의원들의 관심은 선거잖아요. 제가 이전에 유학을 다녀와서 종로구청 총무과장도 지냈기 때문에 안면도 있고요. 그래서 지난 선거 때 득표까지 분석한 다음에 장기영 씨한테 브리핑까지 했어요. 영향이 없다는 것을 알려준 다음에 결재를 올릴 수 있었죠. 그 일을 마친 다음에 지방행정서기관으로 승진되었어요. 그러고 나서 공무원교육원의 교수부로 가면서 공원과장을 겸직하게 됐고요. 공원과장으로는 1년 반 정도 일한 거 같아요.

그렇군요. 그럼 잠깐 앞에 말씀하신 내용에 대해서 여쭤볼게요. 유학을 다녀오신 다음에 종로구청에 잠깐 계셨다고 했는데요. 거기서 오클랜드대학에서 배운 것을 적용했다고 했는데, 구체적으로 어떤 일을 하셨나요?

그때 종로구에서 재개발을 했어요. 구청 뒷길에 불량 주택들이 있었거든요. 유학 갔다 온 경험을 가지고 명륜2가의 기본계획을 세웠어요. 구역 안에 길을 어떻게 낼 것인지, 도로 폭은 어떻게 할 것인지, 그런 것들을 정할 때 유용했지요.

3 장기영(1916~1977)은 한국은행 부총재를 지냈으며, 1954년 《한국일보》를 창간했다. 1964년에는 경제기획원 장관 겸 부총리를 지냈다. 1973년부터 민주공화당 소속으로 제9대 종로구 국회의원을 지냈다. 1977년 4월 임기 중 타계하였다.

공원과장 시절 도산공원 정비

이번에는 공원과장으로 계실 때의 업무에 대해서 여쭤볼게요. 1975년에 공원과장이 되신 거죠?

1975년에 제가 서기관이 되면서 공원과장으로 갔지요. 가니까 거기 있는 임업직들은 전부 나무 심는 얘기만 해요. 그래서 제가 그랬어요. "박 대통령이 말한 산림녹화 10개년 계획이 올해 끝난다. 그럼 그 뒤에 너희들은 나무를 어떻게 심을 거냐?"라고 말이에요. 고등학교 나온 사람들도, 대학 나온 사람들도, 답을 못해요.

그래서 제가 말했어요. "우리는 공원과다. 공원이라는 곳은 사람이 쉬고 노는 곳이다. 나무 심는 얘기하지 마라."라고 아예 선언을 했어요. 핵심은 나무가 아니라 공원이라는 거죠. 나무를 키우기보다는 오히려 뽑아내고 잔디를 많이 심으라고요. 애들이 뛰어놀도록 하고, 풀장을 만들라고 했죠. "일제강점기 때 만든 아동공원 같은 곳에도 풀장이 있다. 그 옛날에도 그랬다. 바꿔야 한다."라고 말이죠.

그때 마침 대통령 지시로 도산공원을 보수하라고 명령이 떨어졌어요.[4] 가보니까 도산 선생 묘소만 갖다 놨더라고요. 공원이

4 도산공원은 1973년 안창호의 애국정신과 교육정신을 기리고자 조성되었다. 매년 3월 10일 흥사단과 도산기념사업회 주관으로 추모기념행사가 열린다.

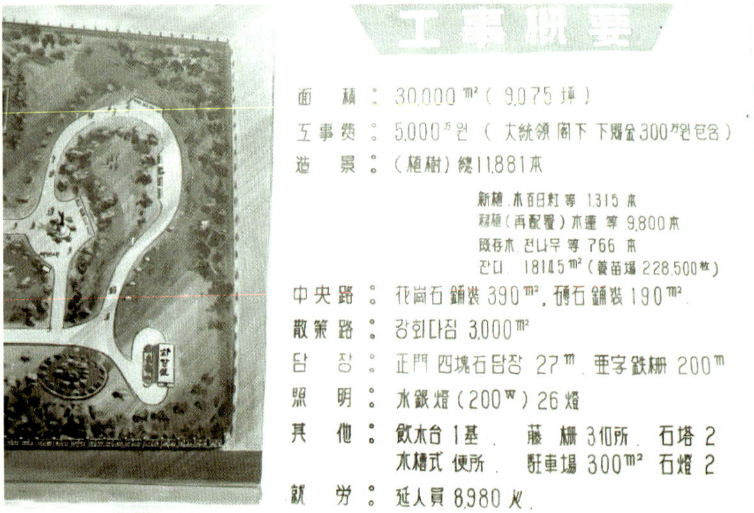

도산공원 보완공사 상황판(1975년)

아니에요. 그때 대통령이 메모를 해준 게 있었어요. '백일홍 2주株를 심어주시오.'라고 써줬어요. 그러면서 아마 300만 원 정도였나? 수표를 보냈더라고요. 구자춘 시장이 저한테 그걸 주면서 "이거 가지고 공원을 고쳐라. 돈은 얼마가 들어도 좋다."라고 말했죠.

일단 나무들은 다 뽑아내고, 다시 군데군데 심었어요. 그리고 우리나라 묘소들은 원래 산에 있잖아요? 그런데 거기는 산의 맛이 안 나잖아요. 묘소 위에 남산이 보였어요. 그래서 뒤에 은행나무 20주를 심었어요. 멀리서 보면 나무가 많은 산처럼 보이는 거죠. 6월에 그 일을 했거든요. 나무들 물 줘가면서 살리는데 고생을 좀 했죠.

그리고 공원관리도 해야죠. 누가 거기에 집을 지을 수도 있고, 돌을 떼어 갈 수도 있고, 나무를 베어갈 수도 있으니까요. 경계 말뚝을 박았어요. 거기만 한 게 아니고 서울 시내에 있는 공원이란 공원을 돌아다니면서 다 경계 말뚝을 박았어요. 표지를 세운 거죠. 그걸 1년 반쯤 했을 거예요. 그런데 원래 공원은 임업직이 과장이 되어야 하거든요. 저는 겸직을 한 거죠. 직무대리였어요.

관재과장으로 서울시 재산관리의 자동화 시도

그다음에는 어디로 가셨나요?

그때 관재과장 자리가 났어요. 시유재산을 관리하는 자리예요. 시유지가 많아요. 논도 있고, 밭도 있고, 집도 있고요. 공사하려고 미리 사 놓은 철근 같은 것도 가지고 있다가 공사장에 두었죠. 아스팔트 만드는 역청공장도 서울시가 가지고 있었어요. 숭인동 터널 왼쪽에 있었죠. 서울시가 사들인 물건을 각 과에 나누어 주고, 남는 것은 관리하는 게 주된 업무였어요. 그게 관재인 거죠.

그리고 문서상에 있는 재산이 잘 있는지, 현장을 확인하는 거죠. 동洞 청사, 구區 청사, 시청창고, 보건소, 시립병원, 그런 곳에 있는 분임관리원한테 관리를 시키는 거죠. 그다음에는 도로, 도랑, 하천이 있죠. 그리고 옛날에는 도랑을 어려운 말로 구거溝渠

라고 했어요. 한문으로 써야 알아요. 그다음에 샛길이랑 골목길, 이런 것들도 시유지예요. 전부 구청에 등록한 다음에 국도는 국가에 등록시켰죠. 이전에는 등록이 안 되어 있어서 조회가 안 됐어요. 그러니까 다들 거기에 무허가 건물을 짓고 살았던 거죠. 그랬어요.

그럼 관재과에서는 시유지를 어떻게 관리했나요?

5mm짜리 방안지方眼紙가 있어요. 모눈종이죠. 한 칸에 한자가 한 글자씩 들어가요. 표를 만드는 데 길이가 한 180cm 정도죠. 거기에 전부 적어 넣어요. 종로구 무슨 동, 몇 번지, 집이 몇 평인지, 지목이 뭔지, 누가 임대해서 쓰고 있는지, 거기에 써서 해마다 감사원에 보고하게 되어 있어요. 그 일을 담당하던 게 누구냐 하면 고등학교 졸업하고 9급 공무원으로 들어온 여직원이 담당하고 있었어요. 채용 시험에서 성적이 좋아서 시청에 배치되었죠. 그래서 제가 불렀어요. "그거 어떻게 하느냐?"라고 물었더니 "각 구청에서 보내주면 제가 수합해서 합니다."라고 해요. 그래서 "그거랑 우리 장부하고 맞느냐?"라고 물었더니 "그게 문제예요."라고 해요. 우리 장부는 그전에 적어놓은 그대로 남아있으니까요. 그동안에 분할도 되고, 팔기도 하고, 그 경로를 현장에서는 전혀 모르잖아요. 지목별로 해도, 번지별로 해도 수천만 개예요. 분류가 안 돼요. 그걸 혼자서 끙끙대고 3년 동안 맞추고 있대요. 신경질 나서 못 하겠다고 그래요.

서울시 전산실 전경(1980년)

어떻게 해결했나요? 지금처럼 전산화가 되어 있지 않았을 시기였는데요.

그때 서울시에 재산세를 관리할 때 자료를 컴퓨터에 입력해 놓았어요. 세정과에서 그걸 했어요. 세정과에 전산반이 있었거든요. 여직원들 한 20명 있었어요. 키펀처key puncher에요. 천공기를 사용하는 천공사죠.[5] 각 부서에서 표를 받아서 집계하는 일을 했죠. 일단 세정과 과장한테 부탁해서 전산과 반장을 만났어요. 도와달라고요. 그래서 그 사람들을 설득해서 시유지만 표를 만들어서 전산으로 입력했어요. 시유지를 전부 전산으로 만들어서 테이프를 감았지요. 옛날 미국 영화나 드라마를 보면 장롱만

한 컴퓨터에 크고 둥근 필름이 돌아가는 거 봤죠? 지름이 대략 50cm 정도예요. 그거 2개가 나왔어요. 하나는 정본, 하나는 부본으로 만들었죠. 이거 가지고 돌리기만 하면 되는 거죠. 그랬더니 방안지로 끙끙대면서 집계하던 그 여직원이 농담으로 그러더라고요. "이 테이프를 빨리 전산소에 다시 돌려주세요. 제 일거리가 없어지면 나가야 되잖아요."라고 말이에요.

일종의 사무자동화였네요. 당시로서는 획기적인 일이었네요.

그렇게 한 다음에 테이프를 돌려서 재산세를 내는 땅이랑, 안 내는 땅이랑 재분류를 해 봤어요. 과세 대상이어서 재산세를 내면 그건 사유지죠. 안 내면 서울시 땅이죠. 그렇게 해서 보니까 시유지 중에 과세 대상으로 잡히는 것이 1/3이더라고요. 과세가 되는 번지 중에 시유지 주소랑 일치하는 게 1/3 정도였어요. 간단하게 설명하면 시유지였는데 나중에 개인한테 팔려나가서 재산세를 내고 있었던 거죠. 그래서 감사원에 이걸 가져가서 설명해 주면서 고쳐달라고 했죠. 그러니까 그쪽에서도 고맙다고 하더라고요. 그렇게 서울시 재산을 전산화하는 작업을 제가 했던 거죠.

---

5 천공기는 컴퓨터의 정보 입력을 위해 카드 또는 테이프에 부호화된 정보대로 구멍을 뚫는 기초적 장치이다. 구멍의 패턴은 컴퓨터에서 문자 부호로 변환된다. 천공사는 이 업무를 담당했다.

도시계획과장 시절 도시계획현황도면 제작

그렇게 관재과장으로 계시다가 1978년에 도시계획과장으로 가게 됩니다. 그때 도시계획과에서 했던 일은 어떤 것이었나요?

도시계획과장으로 가기 전에 구라파(유럽)로 연수를 갔었어요. 네덜란드에 율라IULA라는 조직이 있어요. 국제지방자치체연합International Union of Local Authorities이죠.[6] 거기 가서 3달 정도 지방 재정을 컴퓨터로 관리하는 걸 배웠어요. 그리고 다시 돌아오니까 도시계획과장을 시키더라고요. 도시계획과로 가니까 20년 장기계획을 세우라고 하더라고요. 팀을 구성해서 장기계획을 세울 수 있게 국토계획학회에다가 용역을 줬죠. 민간 교수들한테 맡기는 거죠. 그다음에 제가 간섭하는 일은 없었어요.

도시계획과에서는 민간에 계획을 세우게끔 용역만 주는 건가요?

그러고 나서 그 도시계획을 현실법에 적용을 시켜야 되거든요.

---

6 국제지방자치체연합은 1913년 벨기에 헨트(Ghent)에서 창립되었다. 각 국가들의 지방 정부 이익을 대표하고, 지방 정부 간의 국제 정보 교환 및 협력을 촉진하기 위한 기구이다. 2004년 국제지방자치체연합(IULA)과 세계도시연맹(UTO)이 통합하여 세계지방정부연합(United Cities of Local Governments, UCLG)으로 발족하였다. UCLG는 UN 산하이며, 사무국은 바르셀로나에 있다. 참고로 2007년 제주에서 제2회 세계총회가 열렸으며, 2022년 10월 대전에서 제7회 세계총회가 열릴 예정이다.

필요한 게 도면이에요. 그런데 당시 제대로 된 도면이 없었어요. 그때까지는 지적도를 가져다 작업을 했데요. 1:5,000 지적도를 중앙지도문화사라는 곳에서 만들었거든요. 신문지 사이즈 정도 될 거예요. 그런데 법에는 현황이 기입된 도면에 계획을 세워야 한다고 되어 있어요. 당연한 거죠. 높낮이랑 현황이 다 그려져 있어야 길을 내고, 하천을 긋고, 둑을 쌓을 수 있잖아요. 여태까지는 지번도에 '그냥 몇 번지 앞으로 지나간다.'라고 하면서 선을 확 그어 버리는 수준이었죠. 그러니까 지적도랑 토지현황이 서로 안 맞아요.

그렇죠. 지적도랑 도면이랑은 다른 거죠.

그래서 제가 측량을 시켰어요. 측량도면을 만들어서 계획을 세우려고 했죠. 그런데 그때마다 발품을 팔아서 측량을 해서 그림을 그려야 했어요. 도저히 일을 할 수가 없어요. 이러면 안 되겠더라고요. 그래서 아예 지도를 만들기로 했어요. 제가 도면을 만들었어요. 도시계획현황도를 말이죠.

예산도 아예 측량에 들어가던 걸 다 잘라서 지도 만드는 데로 돌렸어요. 중앙지도문화사라는 곳에다가 발주를 했죠. 거기에 비행기가 있었거든요. 항측航測비행기가 있으니까 그걸 써먹는 거죠. 그런데 항측지도 제작은 건설부의 지리원[7]에서 해요. 거기서 지도를 만드는 거죠. 간단하게 얘기하면 건설부에서 만든 항측 도면 위에 우리가 사진을 찍어서 보존 중인 지적도를 덮어씌

워서 조정한다는 거죠. 간단하죠?

그런데 지도 기술자들이 펄쩍 뛰어요. 안 된다고 해요. 왜 그러느냐고 물어보니까 맞지가 않는다고 해요. 알고 보니까 지적도가 옛날에 측량된 거라고 하네요. 그런 방식으로 측량된 지적도로는 항측 도면에 덮어 쓸 수 없대요. 그 옛날에는 평판측량을 했거든요. 고종, 순종 때 일본군이 청일전쟁, 러일전쟁 시기에 와서 만든 거죠. 우리나라의 모든 산야를 측량하고 토지로부터 세금을 걷기 위해서 지적도를 만들었던 거죠.

그때 만들어진 임야도가 1:6,000이에요. 산 같은 데는 인적이 별로 없으니까 1:6,000이고, 서울은 1:1,200이에요. 1:3,000 짜리도 있어요. 1:6,000 지적도를 늘려서 축척을 확대해서 만드는 거죠. 그리고 서울시 지적도는 1:1,200인데 일부는 1:600으로 만들고요. 서울시는 임야도는 1:3,000으로 작도했어요. 그러니까 저는 서울시의 지적도들을 1:5,000으로 조정해서 고치고, 항측 사진 위에 덮으면 된다고 생각했던 거죠. 그런데 측량기술자 쪽에서는 그게 안 된다고 한 거죠.

그래서 제가 현장을 가서 봤어요. 당장 종로가 안 맞아요. 청계천에 길이 있잖아요. 복개하면서 길을 만드니까 똑바로 나 있

---

7 현재 국토지리정보원이다. 국토의 기본 측량, 지도 제작, 지리의 조사와 연구 등을 담당한다. 1958년 4월 국방부 소속 지리연구소가 창설되고, 1961년 내무부 소속의 국립건설연구소, 1962년 건설부 소속 국립건설연구소로 이관되었다. 1974년 건설부 국립지리원이 창설되었다. 2003년 국토지리정보원으로 개편되었다.

죠. 경계선도 넓고 포장도 잘 되어 있잖아요. 그런데 지적도에는 톱니처럼 들쑥날쑥해요. 그러니까 그걸 못 한다는 거예요.

지도의 오차도 많고 실제 현장에서도 오류가 많다는 거네요.

그렇죠. 그래서 제가 말했어요. "알았다. 우리는 도시계획에만 사용할 거니까 도면을 만들어라. 무조건 내가 책임진다."라고 했죠. 그러니까 "법률상으로 안 됩니다."라고 해요. 그래서 "내가 책임지마. 서울특별시 도시계획과장이 책임진다. 그리고 지적도랑 측량도랑 안 맞는 건 우리가 조정해서 맞춘다. 그리고 만들어진 도면은 재산상 경계 확인이나 다른 행정 조치에 쓰지 않고, 오직 도시계획을 세우는 일에만 쓴다."라고 했죠. 그런 전제하에 총리실에 가서 승인을 받고 발주를 했어요.

만들고 나니까 모두들 깜짝 놀라면서 어떻게 만들었냐고 물어요. 그래서 제가 책임지고 만들었다고 그랬죠. 총리실에 만든 걸 갖다 줬더니 깜짝 놀라요. 건설부에도 갖다 줬더니 거기도 깜짝 놀라요. 그래서 건설부에서 아예 지시를 했어요. 전국의 시도에 전부 도면을 만들라고요. 예산도 배정해 주고요. 서울시는 시비로 했는데 다른 지역은 정부 예산을 받아서 했어요. 지금 볼 수 있는 지적현황도들이 다 그때 만들어진 거예요.

주택정비과장 시절 오토바이 철거반원에 관한 기억

나중에는 항공사진으로 가지고 시내에 있는 무허가 건물을 찾아내는데 쓰기고 했다고 알고 있는데요. 어떻게 사용했나요?

제가 도시계획과장을 하다가 주택정비과장으로 갔어요. 실은 도시계획과장으로 있다가 경찰한테 조사를 받은 적이 있었거든요. 학교를 짓는데 산비탈 말고 옆에 있는 밭에 지으라고 말한 적이 있거든요. 그러니까 땅주인이 저를 고소했어요. 그래서 얘기를 했죠. "산을 깎으면 산이 무너진다. 산에 나무가 있는데, 자연환경을 살려야 된다. 밭은 그냥 밭이다. 거기에 지으면 된다. 왜 거기다 안 짓느냐?"라고 말했죠. 결국 오해를 풀어줬어요. 하지만 덕분에 도시계획과장에서 해직되고 주택정비과장으로 갔어요.

주택정비과장이 하는 일은 무허가 건물을 잡는 거예요. 항측사진을 1년에 2번 촬영해요. 이전 사진하고 새로 찍은 사진하고 사이에 차이가 나면, 그게 허가가 난 건물인지 조사를 하죠. 그래서 허가 난 사실이 없다고 하면 그걸 가서 부수는 거예요. 그걸 주택정비과에서 했던 거죠.

그때 주택정비과에 '오토바이 부대'라는 것이 있어요. 그때그때 위에서 오더가 떨어지면 오토바이를 타고 출동하는 겁니다. (무허가 건물) 짓지 말라고 하는 거죠. 중지시키는 거예요. 임시직 직원들을 구청에 줘요. 그 사람들이 다니면서 어디 이상한 집수

무허가건물 단속 기동대(1970년)

리가 있다든지, 건물이 올라가는 게 있으면 막는 거죠.

그런데 제가 가서 보니까 오히려 좋지 않다는 느낌이 들었어요. 왜냐하면 아무도 모르는 현장에서 1:1로 결탁하기 제일 쉽거든요. 일단 집 짓는 사람들은 돈을 가지고 있으니까요. 그런데 임시직으로 있던 사람은 돈에 약하기가 쉽거든요. 그래서 그 오토바이 부대를 없애 버렸지요. 그리고 시청에 있던 그 사람들을 전부 구청으로 보내버렸어요.

그럼 무허가 건물 단속을 어떻게 했나요?

현장을 돌아다니게 시켰죠. 다니면서 건축 현장을 찍으라고 했어요. 그리고 변동이 있으면, 그러니까 (짓고 있던 무허가 건물이) 없어지면 재확인을 하게끔 제도를 만들었어요.

심사분석담당관으로서 수도권광역협의회에서의 활동

1987년에는 서울시 심사분석담당관으로 가시게 됩니다. 심사분석담당관 시절에는 어떤 일을 하셨나요?

심사분석담당관이라는 자리가 원래 한가한 곳이에요. 그래서 수도권광역협의회라는 걸 만들었어요.[8] 서울시, 경기도청, 강원도청, 도지사들의 협의체죠. 공동으로 처리해야 될 사무를 협의하는 것이 목적이었어요. 그때가 고건 시장이 계실 때였거든요. 경

8 수도권행정협의회는 1968년 서울시와 경기도가 행정협조체제를 갖춰 양측의 현안을 1년에 1차례씩 모아서 처리하기 위해 마련된 회의였다. 그러나 이 회의는 1982년까지 8차례만 열렸고, 이후 6년 동안 중단되었다. 그러다가 1988년부터 매년 시·도 간 현안을 논의하기 위해 부활되었다(《경향신문》 1988년 12월 2일).

기도지사랑 강원도지사까지 모여서 의논하는 거죠. 예를 들면 팔당댐을 만드니까 물이 갇히죠. 그다음에 잠실대교 밑에 보를 쌓았고요. 댐에서 나오는 물을 잡그기 위해서요. 그리고 김포에도 보를 쌓아요. 그건 바닷물이 들어오지 말라고 만든 거죠. 원래는 마포까지 바닷물이 들어옵니다.

그런데 그렇게 하니까 경기도에서 물값을 내라고 해요. 왜 그러냐고 물어봤어요. 그랬더니 "수돗물 생산할 때 팔당댐에서 끌어가서 정수장에서 만든다. 그런데 그 물은 팔당댐에서 가둬놓은 깨끗한 물이다. 그러니까 그 공사비를 너희 서울시도 내야 한다."라는 것이 요지였어요.

서울시는 돈을 못 내겠다고 했죠. 88올림픽 치르느냐고 정신이 없잖아요. 낼 돈도 없었어요. 경기도한테 대신 부담하라고 했죠. 결국 서울시가 해마다 14억 정도씩 경기도에 주기로 했어요. 액수는 정확하게 기억이 안 나는데 그 정도였을 거예요.

그러면서 또 하나는 마술馬術경기장을 경기도에 건설하기로 했어요. 뚝섬에 있는 경마장을 과천으로 옮긴 거죠. 지금의 과천 경마장이에요. 그 땅이 38만 평 가까이 돼요. 제가 일을 정리했으니까 기억에 남아있어요. 거기서 파는 마권세의 10%가 서울시로 들어오기로 되어 있었어요. 원래는 서울시가 손 안 대고 코를 풀 수 있는 거였죠. 그런데 그걸 포기하고 경기도에 줬어요. 그래서 과천시에서 몽땅 먹었죠.

원래는 실무들이 왔다 갔다 하면서 협의를 도출했거든요. 그

뚝섬경마장(1966년)

런데 그렇게 하다 보니까 아랫사람들이 할 게 아니라 광역협의회를 만들자고 한 거였죠. 그래서 제가 주관하는 과장이 되었죠. 원래는 서울시랑 경기도랑 하려고 했는데, 강원도까지 추가로 넣었어요. 강원도에서 그러더라고요. "한강물이 강원도에서 흘러오는 데 왜 강원도를 빼고 하느냐?"라고 하면서 같이 하자고 했어요. 강원도에서 돈을 얼마큼 받았는지는 잘 모르겠습니다. 어쨌든 그렇게 조직을 만들었고, 회의는 2번 정도 했던 거 같네요.

네, 좋은 말씀 감사합니다. 인터뷰는 이것을 마치겠습니다.

도시가 발전하면
그만큼 재원이 생겨요.
발전하는 만큼
돈이 생기는 거죠

면 담 자 이민재(한국학중앙연구원)
면담주제 1970~1980년대 예산과 공무원의 활동
면담일시 2017년 8월 29일(1차), 2017년 9월 15일(2차)
면담장소 양천구 목동 구술자 자택 인근 커피숍

박형석

1936년 경기도 개평군 출생
1955년 서울시 회계과 근무
1968년 서울시 예산과 근무
1975년 서울시 예산과장
1978년 서울시 기획관리실 예산담당관
1989년 서울시 상수도사업본부 경영관리국장
1991년 관악구청장
1993년 서울시 재무국장
1994년 종로구청장

서울시 예산과에서 근무하게 된 계기

이번 면담은 '1970~1980년대 예산과 공무원의 활동'이라는 주제로 실시하는 서울역사편찬원의 구술채록입니다. 오늘은 박형석 전 국장님을 모셨습니다. 국장님께서는 오랫동안 서울시 예산 관련 업무를 맡으신 걸로 알고 있습니다. 특히 서울시가 한창 개발을 시작할 당시 관련 업무를 맡으셨는데요. 그에 대한 말씀을 부탁드립니다.

저는 서울시 회계과 국비계國費係에 있었어요. 원래 서울시 예산은 국고 보조가 굉장히 큰 비중을 차지했어요. 그래서 국고 보조만 다루는 계係가 있었죠. 시 예산은 빈약했거든요. 그런데 점차 국비가 줄어들면서 국비계가 없어지고 자체 세원稅源을 계속 발굴했죠.

어쨌든 서울시가 본격적으로 개발을 하죠. 영동개발이나 여의도개발 같은 걸 추진해요. 문제는 시장이 큰 꿈을 가지고 일을 자꾸 벌인다는 거예요. 그러면 그만큼 돈이 있어야 해요. 예를 들어서 한강을 개발하려면 어마어마한 돈이 들잖아요. 예산이나 재정을 다루는 사람들 입장에서는 세입과 세출의 밸런스가 맞아야 하거든요. 그러니까 시장한테 "돈이 없는데 무슨 일을 합니까?"라고 하면서 자꾸 브레이크를 잡는 역할을 해요. 그러면 시장이나 핵심 실무자들은 우리를 아주 못마땅하게 여겨요.

그런데 재미있는 게 있어요. 도시가 발전하면 그만큼 재원이 생겨요. 발전을 하는 만큼 돈이 생기는 거죠. 예를 들면 영동개발[1]을 하다 보니까 체비지替費地[2]가 남아돌아요. 그걸로 돈이 막 생기는 거죠. 물론 그 돈을 막 쓸 수는 없어요. 체비지 판 돈은 그 지역을 위해 다시 투자해야 하거든요. 다시 영동에 길을 내고, 편의시설을 해결해 줘야 하는 돈이었죠.

개발 당시 체비지의 몇 퍼센트까지 그 지역에 재투자해야 했나요?

지구마다 비율이 조금씩 달랐어요. 변두리랑 중심부랑 달라요. 변두리는 체비지를 많이 떼서 많이 팔 수 있고, 중심부는 조금만 떼도 비싸니까 조금 떼는 거였어요. 일률적으로 하지를 않아요. 나중에 그것 때문에 불공정하다는 말들이 나오니까 바뀌긴 했는데, 처음에는 대부분이 그때그때 분위기 맞춰서 결정했어요.

그런 것들은 예산과에서 정했나요?

그런 건 구획정리과에서 다뤘어요. 물론 중요한 것은 위원회를 만들어요. 예산 규모 같은 건 전문가들을 모아서 방향을 정하는

---

1 영동(永東)지구는 현재의 강남·서초 일대를 가리킨다. 1970년 11월 서울시가 발표한 〈남서울개발계획〉에 의해 그 윤곽이 잡혔다. 이 계획은 해당 지역에 인구 60만 명이 거주할 신시가지를 개발하는 것을 골자로 하였다.

2 해당 지역의 개발사업을 환지 방식으로 시행하는 경우 해당 사업에 필요한 재원을 확보하기 위하여 사업주가 토지 소유주로부터 취득하여 처분할 수 있는 토지를 말한다.

거죠. 그리고 시장한테 건의하면 시장이 사인해 주는 형식이에요. 그렇게 해서 확정이 되는 거죠.

김현옥 시장 시대의 개발과 예산

당시가 김현옥 시장이었죠?

네, 맞아요. 제가 보기로는 김 시장은 굉장히 의욕적인 분이셨었어요. 당시 서울시 인구가 급격하게 늘어날 때였거든요. 그러니까 인구증가에 따르는 수요가 있었어요. 아무래도 개발을 더 해야 했던 거죠. 예를 들면 상수도 공급도 당시에 1인당 적어도 120리터 정도는 물을 마셔야 한다는 기준들이 생겼거든요. 그 수요를 충당하려면 일을 벌여야 했어요. 그런데 실무자가 볼 때는 이렇게 일을 벌이다가는 큰일이 날 것 같았던 거죠.

예산 쪽에서 브레이크를 막 거니까 시장이 "염려하지 말라."는 거예요. "개발하면 땅값이 오른다. 그때 개발한 땅을 팔면 된다."라는 거죠. 체비지가 계속 생기거든요. 실제로 개발사업을 하면서 체크해 보니까 그게 가능해지더라고요. 실제로 영동 같은 곳은 그냥 물이 차던 농경지였어요. 그런데 이걸 개발하니까 금싸라기 땅이 된 거죠. 그리고 체비지를 팔아서 예산을 확보하는 거죠.

여의도개발 당시에도 예산을 그런 방식으로 확보했나요?

여의도개발, 그러니까 윤중제를 만들 당시였네요. 원래 거기가 모래밭으로 비행기가 몇 대 내렸다 뜨는 곳이었죠. 김현옥 시장이 그 허허벌판을 제방으로 둘러쌓아서 막자고 한 거였어요. 그런데 그게 간단한 게 아니었어요. 우선 제방을 쌓을 돌이 없어요. 그래서 우리가 돌산을 조사하러 다녔어요. 시흥始興 쪽에 다니면서 돌산을 찾아서 보고했어요.

그렇게 해서 쌓기 시작했어요. 그때는 먹고살기 힘든 사람들한테 취로就勞사업이라는 걸 해줬어요. 그렇게 인부를 모집해서

윤중제 전경(1969년)

공사했어요. 모래를 리어카에 싣고 와서 쌓았죠. 여러 사람의 피땀이 엉켜서 만들었어요.

잠실도 비슷해요. 취로사업 스타일로 했었죠. 잠실이랑 잠원도 옛날에는 한강 물에 잠기는 땅이었어요. 모래밭이었죠. 강남이 다 그런 곳이었어요. 그런데 그걸 김현옥 시장이 "하자!"라고 하면서 달려들었던 거죠. 우리는 불평을 무척 많이 했지만, 그 양반이 "야, 그거 다 돈이 나오게 되어 있어."라고 하면서 밀어붙였던 거죠.

서울시 예산과 관련된 중앙부처와의 갈등

1960년대 후반에 들면서 서울시 재정자립도가 낮아지는 현상이 벌어졌던 걸로 알고 있는데요. 당시 서울시에서 추진했던 대규모 건설 사업이 많아서 그랬던 것으로 보여요. 예산을 편성하는 데 어려움은 없었나요?

서울시는 항상 중앙의 재무부랑 싸웠어요. 서로 욕하고 그랬어요. 그러면서 술도 같이 먹고요. 그렇게 살았던 거죠.

구체적으로 설명해주세요.

조그마한 조항 가지고 싸워요. 그런 거 하나 바뀌면 국세國稅랑 지방세 비율이나 금액이 확 바뀌거든요. 그런 문제들을 가지고 정부 쪽하고 부딪혔죠. 그런 게 굉장히 비일비재했어요.

혹시 총리실 같은 상위 부처에서 조정을 했던 사례는 없었나요?

총리실 같은 곳에서는 조종을 안 해요. 왜냐하면 그쪽에서는 국세 편을 들어야 하거든요. 국세 입장만 들어줬죠. 그래도 서울시장이 힘이 있어요. 대통령이 임명하는 자리였거든요. 그래서 그럴 때면 우리가 시장한테 메모를 줘요. "이거랑 이거는 정부가 하게끔 해야 합니다."라고 말이에요. 그럼 국무회의 때 가서 시장이 건설부 장관하고 싸우고 그랬죠. 도로나 한강개발 같은 것들은 다 그렇게 해서 시작한 거예요. 일단 시장이 대통령 심복인 경우가 많았어요. 김현옥 시장도 그랬잖아요. 청와대에 협조를 요청하죠. 그럼 내무부가 우리한테 전화를 해요. "죽일 놈, 살릴 놈."이라고 하면서요. (청와대에서) 명령이 떨어졌다고 하면서요. 그런 게 많았어요.

한강개발은 체비지로 예산을 충당

이번에는 한강개발에 대해서 질문을 드릴게요. 초반의 예산계획은 어떻게 세워졌나요?

한강개발이 중요했지요. 강변에 도로도 놓고, 고수부지도 만들고요. 물을 관리하는 게 굉장히 중요한 국가정책이었죠. 그런 측면에서 보면 한강은 대단히 성공한 경우예요. 개발 직전에 유럽이나 외국에 출장을 나가서 자료들을 다 가져왔어요.

그리고 저같이 예산 담당하는 사람은 차관을 받아오기 위해서 나가는 거고요. 저는 영국, 프랑스, 독일 쪽으로 갔어요. 영국으로 갈 때는 템스강 개발 관련 자료 가지러 가는 사람이랑 같이 가고요. 원래 차관을 영국한테 얻으려고 했지만 받지 못했어요. 보니까 조건이 너무 나쁘더라고요. 이자율도 높고, 장기가 아니라 단기 차관으로 준다고 했거든요.

한강 개발 당시 체비지는 얼마나 나왔나요?

잠실 같은 곳이 전부 한강 체비지였어요.[3] 물바다였던 곳이 전부 땅이 된 거잖아요. 그리고 한강개발을 하면서 모래를 퍼냈어요. 그걸 파니까 큰 수입이 됐어요. 당시에 서울이 한창 건축 붐이었잖아요. 건축에는 모래가 기본으로 들어가는데, 건축 붐이니까 모자라요. 그러니까 모래값이 막 뛰는 거예요. 우리들이 한강 모

3 잠실지역은 일제강점기 말부터 서울에 채소를 공급하는 곳으로 해마다 두세 차례씩 홍수로 인해 강물이 범람하였다. 홍수가 잦았던 만큼 옛 잠실의 지형은 한강의 물줄기에 따라 모양을 달리해왔다. 20세기 초까지 자양동과 잠실 사이의 샛강은 그리 넓지 않아 배 없이도 건널 수 있었다. 하지만 1925년 을축대홍수 이후 잠실섬 전체가 모두 탁류에 잠겨버렸다. 을축대홍수로 잠실 북쪽에는 신천강이라는 새로운 지류가 나타났으며, 한강의 원류는 남쪽으로 흐르게 되었다.

한강건설 제1단계 작업 준공식(1968년)

래를 죄다 파서 팔았죠. 땅은 안 팔아도 될 정도였어요. 모래들을 한강개발이 끝날 때까지 팔아먹었어요. 주택공사 같은 기관에서도 사가고, 개인업자들도 사가고 그랬어요. 판매자는 서울시고요. 우리가 밑에 모래를 퍼낸 덕분에 한강 수심이 많이 깊어졌어요.

서울시에서는 한강 개발을 계획할 때부터 모래 같은 걸 팔아서 수입이 발생할 거라고 예상을 했던 건가요?

모래 수입은 생각을 좀 했어요. 잠실 같은 땅을 체비지로 판다는 건 거의 생각을 안 했죠. 그런데 그게 다 이뤄지다 보니까 한강을 개발한 비용이 나오고도 남았어요. 제가 보기에는 그랬어요. 그런데 나중에 건설교통부에서 그 모래가 자기들 거라고 화를 내더라고요.

한강이 국유 하천이니까 그 안에 있던 모래는 국가 소유잖아요.

맞아요. 생각해 보니까 그렇더라고요. 한강이 국유 하천이니까요. 그런데 서울시가 다 팔아먹은 거죠.

한강에서의 모래 채취(1976년)

마찰이 많았겠네요.

그런 건 항상 있어요.

1960~1970년대 서울시 예산 수입원의 변화

이번에는 다른 질문을 드릴게요. 1960년대 주민세가 도입되는 걸로 알고 있어요. 당시 이것과 관련해서 예산 운용에 어떤 변화가 있었나요?

간단하게 말하면 이전에는 호주세가 있었죠. 그러니까 가구당 세금을 내는 거였죠. 그걸 주민세로 바꾼 것뿐이었어요.

두 개가 모두 지방세였나요?

예, 맞아요. 양쪽 모두 국세가 아니었어요. 그러니까 큰 의미는 없었어요.

개발을 진행하려면 기본적으로 지출이 필요하니까 수입을 늘려야 하는데요. 서울시 차원에서 세수 확보를 위해 특별히 노력한 것이 있었나요?

개발을 해서 발전을 하면 세수가 늘어나죠. 그리고 다시 재투자해서 계속 개발을 해야겠지요. 그게 기본 논리였죠. 국가나 서울시나 똑같은 생각이었어요. 쉽게 말하면 그거예요. 땅값이 오르면 그만큼 세금의 기초가 올라가는 거죠. 개발되는 만큼 재원이 생기는 거고 부동산 가격이 올라가는 만큼 세원이 늘어나는 거죠.

그렇군요. 그럼 이외에 서울에서 사업하는 업체들의 경기가 호황이라서 늘어나는 세수는 없었나요?

기업들이 부담하는 사업세나 소득세는 기본적으로 지방세가 아니라 국세니까요. 별개였죠.

서울의 시정계획과 예산과의 관계

1965년에 서울시에서 〈서울시정10개년계획〉[4] 수립했는데요. 예산 계획은 내부에서 어떻게 반영되었나요?

〈서울시정10개년계획〉을 세울 때 그랬어요. 당시 세원을 뽑아봤어요. 세稅 종류, 세목별 수입, 앞으로의 추세 등등, 매년 조금씩 늘어나는 걸로 해서 10년 뒤에는 어떻게 되는지 말이에요. 그렇게 계획을 세우면 보통은 항상 모자라요. 그래서 대개는 어떤 특

4 1965년 서울시는 도시지역의 과밀인구로 인하여 각종 문제가 늘어가고 행정적 수단의 필요성이 점차 증대되면서 새로운 도시계획을 수립하게 되었다. 이러한 요청에서 나온 것 중 하나가 〈시정개발10개년계획〉이다. 주요 내용은 서울 부근에 6개의 위성도시를 건설한다는 내용이다. 이를 통해 서울의 인구를 분산하고 시내의 교통수요를 줄이고자 하였다.

정 사업을 벌이죠. 수입을 얻기 위해서요. 세원 개발을 위한 사업이죠. 그렇게 해서 예산 계획의 숫자를 맞추는 거예요. 아니면 어디서 빚을 얻어서 언제 갚는 걸로 세우는 거죠. 서울시가 하고 싶은 일을 세입이 적다고 해서 브레이크를 잡을 수는 없잖아요.

일단 계획을 세워서 꿈의 청사진을 그려 놓는 거예요. 그다음에 재원을 잡는 거죠. 대개 그런 식으로 해놓고 갔는데, 그게 거의 맞았어요. 당시에는 '이게 가능할까?'라는 걱정도 했거든요. 그런데 이뤄졌어요. 왜냐면 도시는 자꾸 개발되면서 움직이거든요. 저는 지금도 생각해요. 서울시는 살아있다고요. 절대 죽어있는 게 아니에요.

1960~1970년대 예산 편성 과정

이번에는 예산 편성 과정에 대해서 여쭤볼게요. 매해 예산을 세울 때 언제부터 세우고, 언제 심의하나요?

월별로 얘기할게요. 이듬해 쓸 예산의 계획을 세운다고 하면 3월에 예산편성지침을 내보내요. 각 부처에 예산 편성을 하라고요. 그러면 6월 말까지 각 부처 국장이 검토해서 다 올라오죠. 그걸 예산과에서 작업하는 거예요. 자를 거 자르고 늘릴 거 늘리고요. 세입에 맞춰서 대개 9월 말이면 총리실로 가요. 지금은 시의회로 가겠지만 당시에는 총리실로 갔어요. 그러면 총리실에서 12월 말에 심의를 해서 보내줬어요. 예산과는 손질하고 커트하는 게 일이었어요. 일반적으로 5% 정도 범위 내에서 커트를 했어요.

그런데 시장이 생각하는 어떤 개발사업이라던가 뭘 하겠다고 하는 게 있어요. 툭툭 나와요. 그러면 약한 부서 예산은 죽어요. 대신 시장이 하자고 하는 건 쑥쑥 늘어나고요. 그래서 실무자들은 대개 이듬해 예산을 전년도 정도 수준으로 만들지만, 보통은 10% 정도 늘어나요.

어떤 분야 예산들이 줄어드는 편이었나요?

시장이 관심 있게 다루고 파워가 센 부서라면 살리는 거고, 반대면 밀리는 거죠. 관심 사업도 많으니까 거기도 커트를 해야 해요. 나중에 시장한테 가서 "돈은 이것밖에 없습니다. 그러니까 (관심 사업) 10개 중에 이거 3개는 포기해야겠습니다."라고 해요. 그래서 예산과 과장은 다른 부서 과장들보다는 국장들을 상대해요. 국장들이 와서 부탁하거든요. "야, 이거 꼭 살려야 해."라고 하면서요. 국장들 입장에서는 시장이 하자고 했던 사업들이 커트되면 결국 자기들이 (시장한테) 찍혀버리는 거니까요.

예산과 소속 공무원의 일상

예산과 부서는 상대적으로 시청 내에 있던 다른 부서 중에서도 핵심이었던 거 같아요. 그렇다면 그 예산과 내의 분위기라든지, 직원들이 어떤 생각을 가지고 있었는지 알 수 있을까요?

모든 분야에는 전문가가 있어요. 예산도 전문가가 필요해요. 왜냐면 서울시가 얻을 수입을 전망해야 하거든요. 예를 들면 취득세[5]가 그렇죠. 부동산 경기가 좋아져서 거래가 많으면 취득세가 늘어나잖아요. 내년에 부동산 가격이 어떻게 될지, 내후년에는 어떻게 될지, 이런 추세들을 볼 수 있어야 해요. '내년도 부동산 거래가 이 정도 되니까 취득세 수입은 어느 정도 되겠다. 이 정도 수준에서 줄여서 맞춰야겠다.'라는 걸 예측해야 해요. 그런 사람들이 예산을 짜야 하는 거죠.

그렇지 않으면 큰일 나는 거예요. 시장은 무한히 일을 벌이고 싶어 하고, 부서들도 무한히 일을 벌이고 싶어 하잖아요. 브레이크를 잡을 수 있는 사람은 예산과에 있는 거죠. 그러니까 적어도 우리는 시장 앞에 가서 "내년에 부동산 취득세는 이 이상 절대 안 됩니다. 재산세는 이 이상 안 됩니다."라고 하면서 추세를 설명

5 취득세는 부동산·차량·선박·광업권·어업권 등을 취득한 자에게 부과하는 세금을 말한다.

세무공무원 교육(1976년)

해야 해요. 그래서 대개 시장실에 예산과장이 들어가면 시장이 싫어해요.

예산과 직원들의 일상적인 모습은 어땠나요?

일단 예산과는 사람이 자주 바뀌진 않아요. 1년 예산을 짜려면 3월부터 해야 하잖아요. 그렇게 일하다 보면 금방 또 3월이 돌아와요. 예산을 또 짜야 하니까 직원을 자주 바꿀 수가 없어요. 예산을 총리실 가서 승인받아올 시기가 되면 두어 달씩 집에 못 가고 그 앞 여관에서 다 같이 자기도 했어요.

예산과로 찾아오는 민원들에 대한 기억

직접적으로 예산과에 찾아오는 민원인은 없었나요?

예산을 맡으면 민원이 오죠. 그런데 대개는 그냥 오지는 않아요. 누굴 통해서 아니면 누굴 대동해서 와요. "내가 시장하고 동기동창이다."라고 하는 사람을 데리고 오지요. 작당하고 떼를 쓰는 거죠. 그래도 큰 민원은 없었어요.

예산과에서 오래 근무하다가 다른 부서로 가면 이제는 예산을 받아내는 입장이 될 텐데요. 그럴 경우 예산과의 인맥이나 친분이 많이 작용하는 경우가 있나요?

물론 예산과 출신 친구들이 예산을 좀 달라고 할 때는 괄시를 못 하죠. 그리고 예산과에 있던 사람들이 나갈 때는 대개 승진해서 나가거든요. 그런데 예산과 일에 대해서 어느 정도 알고 있는 사람들이라서 심하게 부탁하지는 않아요.

예산과 출신 국장이 부탁하는 거니까 조금 덜 깎는다거나 그런 건 없었어요?

출장 여비같이 조그만 것은 도와줄 수 있어도 사업 예산을 도와줄 수는 없죠.

예산 집행이 잘 되는지 현장을 나가 보지는 않았나요?

그런 적은 거의 없어요. 물론 예산 집행이 잘못됐을 때는 문제가 생기죠. 주무부서는 아니지만 자책하는 거죠. 대신에 도저히 봐줄 수 없다고 할 경우 우리가 예산을 중단시킬 수 있어요. 시장 결재를 받을 경우에는 그 사업에 대해서 지원을 끊을 수 있었죠.

1970년대 유흥음식세와 등록세의 성격

이번에는 1970년대로 넘어가 보도록 하겠습니다. 1977년 지방과 중앙의 재정과 관련해서 유흥음식세와 등록세[6]의 교환이 이뤄졌습니다. 유흥음식세가 지방세에서 국세로 됩니다. 나중에는 부가가치세로 바뀌고요. 그리고 등록세가 국세에서 지방세로 바뀌었는데요. 그 배경과 의미에 대해서 알고 싶습니다.

그때까지 유흥세가 지방세였어요. 그게 국세로 바뀐 거죠. 그리고 등록세를 지방세로 바꾸었던 거죠. 두 개를 바꾼 논리는 간단했어요. 일단 서울시가 땅을 관리하잖아요. 그러니까 등록세를

6 등록세란 부동산과 같은 재산권이나 특허권·저작권·광업권 등과 같은 권리의 취득·이전·변경 또는 소멸 등의 변동 사항을 공부(公簿)에 등기 또는 등록하거나, 또 법률상 정한 일정한 자격 등에 관하여 관계 관청에 등기·등록하는 경우에 그 등기·등록 또는 특허·면허·자격증명을 받은 자에게 부과하는 세금을 말한다.

지방세로 돌린 거였어요. 그리고 유흥세는 영업세와 같이 나라에서 경영해야겠다는 것이었죠.

당시 서울시 입장에서는 유흥세를 넘기는 것을 싫어했나요?

그랬죠. 영업소가 일단 많잖아요. 그 업소의 손님들이 뿌리고 간 돈이고요. 업주들 입장에서는 영업세만 내던 국세를 유흥음식세까지 내는 셈이 되거든요. 당시에 그것 때문에 굉장히 업체들 불만이 많았어요. 마치 세금을 이중으로 내는 것처럼 느꼈으니까요.

당시 서울시 내에서 걷었던 유흥음식세와 등록세 중에서 어떤 쪽이 세입이 더 컸나요?

서울시 내에서도 조금씩 다르죠. 중구나 종로구 같은 지역은 유흥시설이 무척 크잖아요. 대신 변두리 쪽은 거의 없거든요. 그쪽은 오히려 등록세가 훨씬 크죠. 그러니까 같은 서울시지만 구청장들이 서로 싸웠어요. 이해관계가 있으니까요. 하루아침에 세원이 싹 줄어들었으니까요.

그리고 서울시에도 재무국에 재무조사과가 있었어요. 저는 기획관리실에서 예산기획을 담당했고요. 그래서 그쪽 사람들이랑 항상 나누는 대화가 "이거 세입 좀 올려야겠는데 어떻게 해야 할까?"였어요. 그러면 "법을 바꿔야 한다. 뭘 바꿔야 할까?"라고 했죠. 이런저런 이야기가 나왔죠. 물론 재무국이 법을 혼자서 바꿀 수는 없어요. 서울시랑 중앙이랑 이해관계가 다 다르거든요. 계속 싸우는 거죠. 그런데 이제 서울이 발전하니까 점점 중앙보다는 지방이, 그러니까 서울이 세력이 커지면서 유리해졌어요.

기억에 남으시는 일화가 있나요?

일단 기관들끼리 싸우죠. 예민하니까요. 예를 들면 서울시에서 뭐 하자고 하면 경기도에서 난리를 쳤죠. 그쪽에서는 유흥세는 없어도 좋으니까 등록세를 올려야 한다는 논리였죠. 대신 서울시는 유흥시설이 더 많았고요. 눈에 안 보이는 싸움이었죠.

비율로 보면 1~2%, 그 정도인데도 민감했었네요.

매년 그렇게 세입이 들어오면 큰돈이 돼요. 당장 한 해에는 별로 안 되지만, 앞으로 계속해서 수입이 들어온다고 생각해 보면 알 수 있죠. 또 한 지역만이 아니라 여러 지역에서 돈이 들어온다고 생각하면 큰 액수거든요. 민감하죠.

서울시의 재정위기와 도시개발

당시 서울시에 대규모 건설이 많아서 재정위기가 있었던 걸로 알고 있습니다. 어느 정도였나요?

비용이 매년 기하급수적으로 늘어났죠. 그런데 수입은 그렇게 안 됐죠. 그러니까 수입원을 개발하던지, 지출을 줄이든지 해야죠. 재무부서 입장에서는 어떻게 해서든지 줄이려고 하고, 시장

'79追加更正豫算(案)

(第 1 回)

서울特別市

追加更正豫算編成方針

1979년 제1회 추가경정예산안

잠실시영아파트 준공식에서의 구자춘 시장(1975년)

입장에서는 본인 재임 중에 큰 걸 하고 싶어 하죠. 김현옥이나 구자춘 시장 같은 분들 계실 때에는 그냥 하루아침에 (예산을) 막 쓰는 거예요. 그해 추가경정예산을 7~8번씩 고친 적도 있었어요.

그런데 재미있는 게 있어요. 일을 벌인 만큼 그 지역 땅값이 뛰어서 수입도 늘어났죠. 그러니까 예산이 커버되더라고요. 오히려 서울시 재정이 매년 그냥 기하급수적으로 늘어났어요. 그러면서 인근까지 개발되었고 서울이 그렇게 컸어요. 지금 생각하면 당시 그렇게 안 했으면 지금도 뚝섬 주변은 그냥 논밭으로 있었을지도 몰라요. 어쨌든 그렇게 뒷받침이 되지 않았다면 서울시 발전이 잘 안됐겠죠. 우리 같은 재무부서에서 말려도 윗사람 눈에 띄면 자꾸 하고 싶은 거였어요.

예를 들면 구자춘 시장 때였어요. 그때 중랑천에 군자교君子橋 준공식을 했었어요. 그런데 그 자리에서 이 양반이 "어, 이 길을 천호동까지 내야겠다."라고 그래요. 말은 쉽지만 천호동까지 길을 내려면 몇십억이 들거든요. 돈도 없었어요. 이러니까 기술자들이 길을 내는 데 얼마가 든다고 설계를 해서 시장실로 가는 거죠. 그럼 이제 싸우는 거예요. 시장 앞에서 재무 쪽이랑 건설 쪽이랑 둘이 싸움을 하는 거죠.

1970년대에는 제1~2차 석유파동이 있었는데요. 그것과 관련해서 서울시의 재정에도 영향이 있었나요?

어느 정도 영향은 있었지만 크지는 않았어요. 서울시의 수입원이 부동산과 관련이 많았거든요. 대신 오일쇼크 때는 경기가 죽으니까 영향이 있었죠. 부동산 거래가 안 되니까요. 정부가 입은 영향이 100이라면 서울시는 20~30 정도쯤 될 거예요. 이 시기쯤 되면 서울시의 재정은 부동산 개발을 중심으로 돌아갔다고 봐야 해요. 우리 입장에서는 도로 내고, 지하철 내고, 그 지역을 개발하는 게 중요했어요.

개발이 성공적으로 되면 돈이 들어오는 거네요.

그렇죠. 그게 지금까지 서울시를 지탱해 온 거라고 봐요. 물론 이상적인 건 여기에 단지도 만들고, 수도랑 교통 등 여러 가지 요건을 다 갖춘 다음에 주민들이 들어오는 게 이상적인 도시예요. 그런데 서울은 한 번도 그렇게 해 본 적이 없었어요. 나중에 길을 내고 보상금을 주는 거죠. 항상 뒤쫓아 가면서 공공시설을 만들었어요. 어떻게 보면 후진성이라고 할까요? 어쩌면 일반적이라고 할 수도 있겠네요.

서울시에서 빚을 내기도 했었나요? 예를 들면 지방채를 발행하는 경우처럼요.

지방채를 발행하려면 예산에 용도가 반영되어야 해요. 중앙정부의 승인을 받아야 하고요. 지금이라면 시의회의 승인을 받죠. 그때는 내무부가 승인을 해줘야 했어요.

시장으로 힘이 있는 분이 오시면 지방채 발행이나 예산을 확보하는데 좀 더 수월했나요?

물론이죠. 그리고 시장으로 오는 사람들은 일단 중앙부처 장관들을 그렇게 어려워하지 않았어요. 시장들은 기본적으로 청와대하고 직접 연결되는 통로가 있었거든요. 그리고 핵심은 서울 시민이 원한다는 거였어요. 청와대 근무하는 사람들도 서울에서 살잖아요. 그네들도 시민인 거죠. 자기 집 주변에 불편한 걸 해결해 주겠다는 거니까요. 어떻게 보면 그들의 개인적인 이해관계를 큰 정책보다 더 우선하는 거 같기도 해요.

재미있는 일이 있었어요. 예산 승인을 받으러 총리실에 갔어요. 총리실은 비서실장이 좌지우지해요. 그런데 한 열흘 전에 우리가 비서실장 집의 수돗물을 딱 끊었어요. 난리가 나는 거죠. 수돗물이 왜 안 나오냐는 거죠. 그러면 우리가 "이거는 수도관이 짧아서 그렇습니다. 교체해야 하는데 예산이 없어서 도저히 지금은 갈 수가 없어요."라고 말해줘요. 그러면 그 양반이 "야, 예산 줄 테니까 당장 공사해."라고 했어요. 그렇게 해서 몇십억 원을 받아내고 그랬어요.

혹시 그렇게 받은 예산은 다른 곳에 쓰기도 했나요?

그렇죠. 다른 거 하는 데에도 쓰고 그랬죠. 지금 같으면 못하죠. 그때만 해도 그런 게 잘 먹혀들어 갔어요.

1·21사태와 서울시 행정, 그리고 예산 문제의 변화

다시 1960년대로 돌아가서 질문을 드릴게요. 1968년 1·21사태 이후 서울시 도시계획에 일부 변화가 생기는 걸로 알고 있어요. 혹시 예산에서도 그런 것들이 있었나요?

저는 개인적으로 이렇게 생각해요. 그때까지 사람들이 해이했다고 해야 할까요? 북한에 대해서 위험을 거의 안 느꼈어요. 평화스러웠죠. 그런데 그놈들이 내려와서 오히려 굉장한 자극을 준

북악스카이웨이 건설 현장(1968년)

거였어요. 역설적으로 그놈들로 인해서 반공 의식이 되살아난 거 같아요.

일단 추가로 경정예산을 해야 했죠. 경찰이나 군 쪽에서 시설들을 만들어 달라고 요청이 들어왔거든요. 북악스카이웨이도 그때 만들었어요. 분위기상 우리 같은 재무 쪽 사람들도 이건 못 막았어요. 그때까지는 서울시에서 방어 개념의 시설들이 거의 없었던 상태였거든요. 그러다가 이 일이 일어나면서 시설의 70~80%가 만들어졌어요.

박정희 대통령 서거 직후에도 그런 시설들이 증가했나요?

1·21사태가 가장 컸어요. 나머지는 그렇게 큰 영향이 있지 않았어요. 그래도 그런 일이 한 번씩 날 때마다 그쪽 예산 요구가 와요. 대개 군이나 경찰에서 시설을 만들어 달라고 하죠.

86아시안게임과 88서울올림픽 준비 당시의 예산 문제

1980년대 서울에서의 가장 큰 사건은 역시 올림픽과 아시안게임이었던 거 같아요. 당시 서울시 기획조정실에 계셨던 걸로 알고 있어요. 예산 분야에서는 어떤 일이 있었나요?

1980년대 초부터 시작했죠. 메인 경기장도 지었죠. 그런데 대회를 치르기 위해서는 경기장보다도 기반 시설이 더 중요했어요. 외국 손님이 왔는데 후진국 도시 같은 인상을 줘서는 안 되잖아요. 도시 수준을 높게 만드는 일을 해야 했죠. 하다못해 공중화장실 하나라도 제대로 갖춰져야 했거든요. 어쨌든 아시안게임이랑 올림픽을 치르면서 서울시가 업그레이드됐죠.

그렇다면 그런 부분들이 예산에서는 어떻게 반영이 되었나요?

서울시에서 운동장을 지었죠. 그리고 중요한 것은 서울 시민들의 생활 주변을 수준 높게 끌어올리는 거였어요. 시민들한테 강

올림픽주경기장 건설 현장(1984년)

요했죠. 담장을 도색시키고, 화장실도 현대식으로 고치라고 하고요.

당시 분위기를 보면 예산 준비가 시설 건설은 서울시 차원보다는 정부 차원에서 준비한다는 느낌이 강했던 거 같아요. 그렇다면 중앙과 서울시 사이의 업무나 예산 배분은 어떤 형태였나요?

중앙부처하고 마찰이 대단히 많았죠. 서울시 자체에서도 투자해야 하고, 정부는 정부 차원에서 일을 해야 하고요. 예를 들면 서울에 있는 국유 하천이나 국도 같은 건 정부에서 했죠. 서로 보완해 가면서 했어요. 굉장히 성공적으로 이루어졌죠. 덕분에 서울시도 계속 커갔고요. 인구도 계속 늘어났고, 체육 시설도 계속 만들어지고, 투자비도 많이 늘어났죠. 서울시 예산 규모도 1985~1987년 사이에 급격히 늘어났어요. 그리고 도로가 생기면 땅값이 오르니까 재산세랑 취득세가 많이 걷히잖아요. 그걸 생각해 가면서 빚도 얻었고요. 올림픽을 치르면서 빚더미에 올랐지만 감당할 정도였지요.

간단하게 말하면 개발 수요가 있으니까 공급을 하는 거죠. 예를 들자면 잠실운동장을 만들고 그 옆에는 올림픽아파트 단지를 만들어 놓아요. 아시아선수촌아파트죠.[7] 그게 분양이 다 되는 거예요. 투자비를 거기서 회수하는 거죠. 다른 경기장 비용도 일부 충당이 되더라고요.

그 옆에 신천동 지역도 원래 다 논밭이었어요. 장마가 오면 다 물에 잠겼죠. 그런 땅이 개발되면서 상가가 이루어지고 돈이 막

7 1986년 서울아시안게임에 참가하는 선수와 임원들의 숙소로 송파구 방이동에 지은 선수촌 아파트이다. 총1,356가구 규모로 대회 이후 248가구는 철거민과 토지소유자에게 특별 분양하였고, 나머지 1,108가구는 일반 분양하였다.

오늘날의 아시아선수촌아파트

들어오는 거예요. 투자가 이뤄지는 거죠. 서울시가 이익을 남긴 건 없지만, 개발비는 충당되더라고요. 그렇게 해서 올림픽을 치렀죠.

올림픽을 준비하면서 발생하는 서울시와 중앙과의 갈등

서울시와 중앙과의 갈등은 없었나요?

일단 올림픽을 서울시 혼자 치를 수 있는 건 아니잖아요. 우리가 중앙부처한테 돈을 좀 내놓으라고 하죠. 그런데 안 줘요. 중앙은 중앙대로 돈이 없대요. 기간 시설 투자할 게 많다고 하면서요. 우리는 "그건 당연히 너희 (중앙부처가) 할 일이다. 서울시민이 부담하지 않아도 되는데 우리가 이렇게 부담하고 있다."라고 하면서 많이 싸웠어요. 그렇게 하면서 일을 끌고 갔죠.

그리고 당시에는 일단 대통령 권한이 셌으니까 그렇게 밀어붙일 수 있었던 거 같아요. 국내외적으로 숙원 사업이고 핵심 사업이었으니까요. 그걸 일일이 계산하면서 했으면 절대 못 했을 거예요. 개발했던 경기장, 선수촌, 잠실 일대는 비만 오면 물이 차는 땅인데 그렇게 하루아침에 개발이 되면서 사람들이 몰려온 거죠. 선수촌아파트를 분양하니까 사람들이 줄을 섰어요. 선수들이 묵었던 선수촌을 팔아서 오히려 돈이 남았다니까요. 어떻게 보면 아시안게임이랑 올림픽은 그냥 (돈 안 들이고) 치러진 것 같아요.

올림픽 선수·기자촌 아파트 모델하우스(1987년)

개발해서 남은 돈은 어떻게 했는지 기억나시나요?

대개 공공시설에 재투자하죠. 일단 도시가 크기 위해서는 계기가 필요한 거 같아요. 한 번 큰 도시는 줄어들지 않아요. 만약 줄어들면 문제가 있는 도시죠. 인구는 늘어나지 줄지 않아요. 그런데 인구가 늘면 문제가 생기잖아요. 살기 불편한 도시가 되는 거죠.

1970~1980년대 서울시 예산 편성의 특징과 문제점

1970~1980년대 서울시에서 예산을 편성할 때 가장 어려웠던 점은 무엇이었나요?

당시 정부에서는 〈예산편성지침〉이라는 걸 만들었어요. 품목별,

회계별로 단년도 예산안을 만들게 되어 있어요. 그런데 서울시에서 예산을 들이는 일은 1년에 끝나지 않아요. 도로를 내려면 1년 안에 끝낼 수가 없잖아요. 서울시 자체는 중장기 개발 계획에 맞춰져 있어요. 그래서 제가 있을 때 10개년 계획으로 예산편성을 해 본 거죠. 물론 그게 쉽지는 않았어요.

왜냐하면 예측이 불확실해요. 내년도에 경기가 어떻게 될지를 모르잖아요. 큰 변화가 막 오는 거예요. 아시안게임이나 올림픽도 그렇고 풍수해도 있고요. 1년 치 예산인데 추가 경정이라고 해서 몇 번씩 바꾸는 거예요. 그러니까 5개년이나 10개년짜리 계획이 안 되겠더라고요. 일단 세워놨지만, 다음 해에 가보면 확 바뀌어 있어요. 그래도 그런 계획이 있어야 해요. 바뀌어도 중장기의 예산 계획이 있어야 해요.

계속 바뀌는데도 왜 그런 계획이 필요한 거죠?

예를 들어 서울이랑 수원 간 도로를 연결하려면 적어도 5~6년은 걸려요. 서울에서 시흥까지 길을 만드는데 장기적인 안목 없이 짜놨다고 생각해 봐요. 단년도 예산으로는 안 돼요. 10년 뒤를 내다봐서 50m 도로로 해야 하는데 만약 그걸 단년도로 하면 10m 도로밖에 못 만들어요. 그리고 그렇게 1년짜리 예산으로 길을 만들면 서울은 서울대로, 경기도는 경기도대로, 자기들끼리 만들다가 중간에 끝나요.

그래서 정부 차원에서 수도권협의회라는 걸 만들었어요. 컨

트롤을 할 수 있는 기구죠. 거기서 중장기계획을 세우는 거예요. 그런데 나중에 가서는 계획이 다 틀어져서 흐지부지된 걸로 알고 있어요. 그래도 일단은 중장기계획으로 가는 게 맞는 거죠.

세부적으로 품목별이나 조직별로 예산을 편성하는 건 문제가 되나요?

간단해요. 우리가 그해에 집행하는 거 자체는 지장이 없어요. 그런데 내년이 되면 바뀌어요. 그러면 못 쫓아가요. 물가 상승도 있잖아요. 예를 들면 올해 50이 필요하다면 내년에는 100이 필요한 거죠. 그런데 내년 예산은 올해에 짜요. 아까 이듬해 예산이 언제 이루어지는지 말했죠? 예산편성지침이 3월에 내려와요. 6월까지 작업하면 내년도 예산안이 잡히는 거예요. 그걸 가지고 11~12월까지 총리실 승인을 받는다고 했죠. 그러다 보면 이듬해에는 액수가 형편없이 부족하게 되는 거예요. 단년도 예산안의 문제인 거죠. 그러니까 중장기계획이 있어야 하는 거예요.

게다가 서울시는 올림픽이나 아시안게임도 치러야 해요. 그런 일들이 더 많아지고 더 커지는 거예요. 예측하지 못했던 변화가 수요를 계속 생기게 하고 키우는 거예요. 특히 서울은 수도니까 더 많아요. 우리가 예측하지 못했던 오더order가 막 내려오는 거죠. 그렇다고 그걸 안 할 수가 없어요. 그러니까 종합적으로 봐야 해요. 단순한 품목별 작년도 예산안으로 일을 해서는 끌고 갈 수가 없는 거죠.

예산 분야 공무원 조직 변화와 브레이크 역할

이번에는 예산 부서의 조직 변화에 대해서 여쭤볼게요. 거의 30년 동안 이쪽 방면에 계셨는데 그동안 서울시가 커진 만큼 조직 규모도 확대되었을 텐데요. 어떻게 늘어났나요?

처음에는 예산과가 1개만 있었어요. 그러다가 예산1과, 예산2과가 되고, 투자관리담당관도 생겼지요. 그게 나중에는 국장급으로 투자관리관이 되고요. 왜냐하면 서울시가 한참 발전하면서 투자해야 할 곳이 많아지니까요. 여기저기에서 "길을 내라, 도로를 내라, 다리를 놔라, 수도를 놔라."라고 요구해요. 나중에 그걸 종합적으로 하는 관리관이 있어야 했던 거죠. 그러다가 다시 시장한테 브레이크 걸 사람만 있으면 된다고 해서 줄어들기도 했어요.

네, 장시간 수고하셨습니다. 말씀해 주셔서 감사합니다.

당시 개발은
급변하고 폭발적으로
일어났어요.
멈출 수가 없었어요

면 담 자 박광명(동국대학교)
면담주제 서울시정과 공무원들(교통·도시기반시설)
면담일시 2018년 8월 30일
면담장소 동국대학교 계산관 B동

김학재

1944년 서울시 동대문구 이문동 출생
1971년 한양대학교 토목학과 졸업
1972년 제6회 기술고시 합격, 지하철건설본부 근무
1974년 서울시 도시계획국 도시계획과 재개발계장
1978년 서울시 도시계획국 도시계획과장
1984년 서울시 한강개발본부장
1990년 서울시 도시계획국 국장
1993년 서울시 지하철건설본부 차장
1994년 서울시 지하철건설본부 본부장
1996년 서울시 행정2부시장

지하철건설본부에서 공직 생활을 시작

이번 면담은 '교통과 도시기반시설 관련 서울시정과 공무원들'이라는 주제로 실시하는 서울역사편찬원의 구술채록입니다. 오늘은 김학재 부시장님을 모셨습니다. 부시장님께서는 1972년 기술고시를 보시고 지하철건설본부를 비롯해서 서울시 도시계획과에서 도시정비계장과 한강개발부장, 도시계획국장 등을 지내셨습니다. 그리고 1996년에는 서울시 부시장을 역임하셨습니다. 우선 처음 공직 생활을 시작하셨을 당시에 대해서 말씀 부탁드리겠습니다.

제가 처음 발령받은 곳은 지하철건설본부였어요. 당시 지하철 공사를 했기 때문에 토목직 중에서 가장 인기가 있던 곳이었어요. 경부고속도로 건설이 끝난 다음이었거든요. 선망의 대상이었죠. 오죽하면 청와대 빽이 있어야 지하철건설본부로 갈 수 있다고도 했어요. 그러니까 제가 거기 갔을 때 유능한 사람들이 많았어요. 고마운 분들이었죠.

선배들한테 많이 배우셨겠네요.

많이 배웠죠. 제가 현장 감독하는 생활을 했어요. 그때 많은 경험을 했지요.

그때가 우리나라에 지하철이 처음 만들어질 때였죠?

그렇죠. 땅속에 묻은 게 지하철 1호선이죠. 덕분에 저는 '굴 파는 놈'이라는 별명도 붙었어요. 물론 지하철 만들 때 지하가 아닌 구간도 많이 있어요.

지하철1호선 종로3가역-종각역 구간 건설 현장(1973년)

지하철 건설할 때 일본 기술자들이 자문 역할로 왔다고 들었는데요. 실제로는 어땠나요?

일본에도 지하철영단地下鐵營團이라는 게 있어요. 도시철도운영영단이라고도 해요. 그 사람들이 도쿄의 지하철을 건설하고 운영을 하죠. 우리나라의 지하철공사랑 같은 거예요.[1] 우리가 공사할 때 그 사람들이 거의 상주하다시피 와 있었거든요. 그네들 도움을 굉장히 많이 받았어요. 전차는 아예 일본에서 다 만들어서 가지고 들여왔거든요. 빨간색 지하철 1호선 전차가 그거였어요. 그때 지하철공사에서 일했던 사람들은 지금도 그 옛날 1호선 지하철 다니는 거 보면 가슴이 뛴다고 해요.

---

1 1970년 서울의 심각한 교통난 해소를 위해 지하철 등 대중교통수단 건설 계획을 보고하라는 대통령 지시가 하달되었고, 양택식 시장은 지하철 건설을 시정 제1의 목표로 추진하였다. 1970년 서울시는 서울지하철건설본부를 발족시키고 본격적인 지하철 건설 사업 추진에 들어갔다. 이어 기술과 재원조달을 위해 제4차 한일정기각료회의가 같은 해 7월 서울에서 열렸다. 이 회의에서 수도권 전철화 및 서울지하철 건설에 관한 합의가 이루어졌으며, 23일 협의사항을 공동성명으로 발표하였다. 그해 8월 양택식 시장은 교통부 장관인 백선엽 등과 함께 일본을 방문하고 지하철 건설에 필요한 차관 도입 등 구체적인 협의에 들어갔다. 이를 계기로 일본은 해외개발 협력기금 지원을 위한 전문가와 교통조사단을 파견했다. 이때 일본철도기술협의회(JARTS) 기술진이 한국으로 파견되었다. 그리고 1971년 9월 일본 교통조사단은《지하철건설 및 수도권 전철화사업 계획서》를 한·일 양국 정부와 서울시에 제출했다. 이에 앞서 정부는 일본 교통조사단과 합의한 결과를 바탕으로 1970년 10월 지하철 1호선과 수도권 전철화 계획을 발표하였고, 다음해 4월 12일 기공식이 열렸다. 당초 일본 조사단은 한국 기술진이 지하철을 건설할 만한 기술력이 없는 경우, 기술자 파견도 검토하였다. 그러나 한국과 일본의 합의 결과, 차량이나 신호통신 등 첨단기술 부문을 제외한 대부분의 공사는 한국 측 독자기술로 수행하고, 일본은 그것에 대한 감독을 맡게 되었다(서울역사편찬원,《서울도시계획사》 2, 2021, 352~354쪽).

지하철1호선 운행 모습(1975년)

좋아서요?

그럼요. 그것도 50년 정도 된 거네요. 당시 일본의 도움을 많이 받았죠. 사실 일본은 문화도 우리하고 비슷하잖아요. 일본은 지하철에 대한 역사가 깊으니까 우리가 경험하지 못한 문제들을 겪었거든요. 기록도 잘하잖아요. 그래서 우리가 뭘 도와달라고 하면 성심껏 와서 도와주고 그랬어요.

1974년 8월 15일 지하철 준공식 때 원래는 대통령이 오기로 했던 걸로 알고 있는데요. 그때 육영수 여사가 서거하는 일[2]이 생기면서 행사가 취소되었는데요. 당시 분위기는 어땠나요?

저는 청량리역에서 대기하고 있었어요. 대통령이 와서 테이프 커팅하기로 되어 있었죠. 그런데 텔레비전을 보니까 무슨 소리가 나더니 방송이 꺼져 버려요. 문세광이 총을 쐈죠. 난리가 난 거죠. 그래서 지하철 1호선은 개통식도 못했어요. 양택식 시장도 잘렸죠. 그래도 뭐 (지하철은) 사람만 잘 실어 나르면 됐죠.

물론 나라에 큰일이 있긴 했지만 그래도 열심히 준비하셨는데 아쉽지는 않았나요?

나라에 초상이 났는데, 그런 생각은 안 했어요. 어쨌든 1호선 개통할 때 그런 일이 있었죠.

2 1974년 8월 15일 서울 장충동 국립극장에서 열린 제29주년 광복절 기념식에서 재일교포 문세광이 박정희 대통령을 암살하기 위해 권총을 발사한 사건이다. 문세광의 발포로 육영수 여사는 총탄을 맞아 사망하였다. 문세광은 현장에서 검거되었고 9월 12일 내란목적 살인과 〈국가보안법〉 위반 등 6개 죄목으로 기소, 이후 대법원에서 사형이 확정되었다.

서울시 도시계획과 근무와 영동지구 개발

1974년에 도시계획과 재개발계장으로 가신 걸로 알고 있습니다.

제가 지하철(건설본부)에 있다가 도시계획과로 갔던 거였어요. 당시 지하철건설본부가 해체되었어요.[3] 기구가 남았는지, 안 남았는지는 잘 기억이 안 나지만 어쨌든 축소되었던 걸로 기억해요. 그래서 재개발계장으로 가게 된 거죠. 다른 사람들도 다른 곳으로 갔어요.

재개발계장으로 계실 때에는 어떤 일들이 있었나요?

남대문 시장 쪽에 상동교회가 있잖아요. 아주 오래된 교회죠. 점포도 많이 가지고 있어서 부자였어요. 그런데 당시에 상동교회를 재건축하려고 했는데 잘 안 되고 있었어요. 그때 제가 착공시키는 일을 맡게 됐어요. 착공할 때 기존 건물을 헐었는데, 주춧돌에서 3·1운동 때의 기록들이 많이 나왔어요. 착공되고 저는 다시 지하철본부로 갔어요.

당시 재개발계가 서소문의 동아건설 빌딩을 쓰고 있었거든

3 서울특별시 지하철건설본부는 1970년 6월 9일 설립되었고 1, 3, 4호선과 2호선 순환선이 완전히 개통되면서 1984년 9월 15일 해체되었다. 이후 1989년 제2기 지하철건설을 위해 서울특별시 지하철건설본부가 다시 발족하였다.

요. 그런데 어느 날 새벽에 일하는 아줌마가 "계장님, 누가 찾으러 왔어요, 식당에서 기다리고 있을 거예요."라고 그러더라고요. 그래서 갔더니 웬 남자가 서 있어요. 만나니까 잠깐 저쪽으로 가자고 그래요. 길 건너서 가 보니까 서울지방검찰청이에요. 16층의 어느 방에 갔어요. 가니까 조사관이 벼락같이 소리를 지르더라고요. "너, 상동교회[4]에서 돈 먹은 거 얼마냐?"라고 물어봐요. 안 받았는데도 돈 받는 거 다 봤다고 그래요.

이게 어떻게 된 사건인가 봤더니 상동교회가 건설회사랑 계약을 했는데 새로 짓는 교회 건물의 인허가를 건설회사가 책임을 진다는 조항이 있었어요. 그러니까 조사관이 이걸 보고 "이거는 건축주가 맡아야지, 이건 무슨 냄새가 나는구나."라고 그랬나 봐요. 거기서부터 전부 다 뒤졌대요. 구청, 시청, 건설부 직원들이 몽땅 잡혀 들어와 있는 거예요. 누가 몇 푼씩 먹고 그랬나 봐요. 그 당시에는 재개발을 하겠다는 욕심들이 많았거든요. 그런데 사회경제적인 여건, 그러니까 모빌라이즈mobilize를 할 만한 능력이 안 되면서 계획만 세우고 사업이 추진됐던 게 많았거든요. 그러다 문제가 생기는 거죠.

---

4 현재의 상동교회 건물은 1974년 착공되어 1976년 준공되었다. 지하 2층, 지상 9층으로 지하에는 주차장과 기계실, 지상 1~3층은 백화점, 4~7층은 교회 사무실, 8~9층은 교회 예배당으로 사용하였다.

영동신시가지 개발계획 조감도(1970년)

이 시기가 한참 영동지구를 개발할 때였는데요. 그런데 개발만 하는 게 아니라 강북 사람들도 이주시켜야 하는데요. 그걸 위해서 어떤 계획을 세웠나요?

계획은 세웠어도 어쨌든 일은 항상 어렵죠. 계획이 있어도 어떤 방식을 동원해서 완성할 것인지는 사람이 하는 거니까요. 그게 쉽지는 않더라고요. 제가 도시계획과를 맡으면서 서울시를 포기하고 싶어지더라고요. 필요한 게 너무 많아요. 니드need가 많은 거죠. 너무 급변하고 일들이 폭발적으로 일어나잖아요. 멈출 수가 없어요. 뮤트mute 시킬 수가 없었어요.

한 해에 학교를 200개씩 만드는데도 교실이 부족해요. 그렇게 학생이 몰려드니까 3부제 수업까지 했어요. 어쨌든 그렇게 강남을 개발해서 파헤쳤죠. 그런데 처음에는 땅이 팔리질 않았어요. 공사비를 못 주게 생겼으니까 결국 땅으로 주게 됐어요. 삼부토건 같은 경우에도 땅으로 받았죠. 돈도 안 된다고 해서 싼값에 줬어요. 오히려 그네들이 땅으로 안 받으려고 했어요. 우리가 욕을 많이 먹었어요. 돈 안 주고 땅으로 준다고 그러니까요. "그 땅에다 우리가 무슨 콩을 심겠냐? 왜 돈이 아니라 밭을 주냐?"라고 그랬죠. 지금의 강남 땅값을 생각하면 아이러니하죠. 개발이 속도가 붙으니까 달라지더라고요. 어쨌든 그렇게 공사대금을 땅으로 받아서 재미를 본 건설업체가 많았어요.

아이러니하네요. 지금은 업체들한테 절을 받으셔야 하겠네요.

그런가요? 어쨌든 잘 만들어놨죠. 물론 제가 한 건 아니지만요.

지금은 사람들이 가장 선호하는 지역이니까요.

그렇죠. 그런데 저는 강북에만 살아서요.

그쪽 땅을 사두거나 하는 일은 없었나요? 도시계획 관련 정보를 미리 알 수 있으니까요.

제가 이재理財에 눈이 밝았다면 오히려 목이 날아갔겠죠.

영동지구 시영 단독주택 건립안내 전시회(1972년)

준공된 영동지구 단독주택단지(1972년)

세운상가와 여의도 개발에 대한 기억

1960~1970년대 진행된 도시개발 중에 가장 기억에 남는 사업은 어떤 것이었나요?

세운상가를 뽑고 싶어요. 휴전 후에, 그러니까 제가 공무원이 되기 이전부터 거기는 무허가 건물들이 밀집되어 있었거든요. 일제강점기 시가지계획 때문에 계획도로를 만들면서 집을 못 짓게 해 놨는데 그냥 무허가 건물이 점령을 했던 거죠. 그러다가 세운상가를 만들었으니까 확 바뀐 거죠. 그리고 시민아파트도 있죠. 1969~1970년 당시였던 거 같네요. 와우아파트가 무너졌잖아요. 제가 막 들어오니까 그 문제가 그대로 남아 있더라고요. 사람들 징계 문제도 있었고, 다음에 짓는 아파트를 어떻게 하면 튼튼하게 만들 것인지도 그렇고요. 여의도에도 시범아파트가 있었거든요.

그리고 그 시기에 이뤄졌던 게 여의도 개발이었어요. 여의도 앞에 밤섬이 있잖아요. 거기에 사람이 살았거든요. 그런데 거기 살던 사람들 내보내고 토석을 전부 채취해서 여의도에다가 윤중제를 쌓았어요. 제방에 벚꽃들 있는 곳이죠. 여의도가 만들어지면서 거기 땅을 팔아서 지금은 금융가가 되었죠. 63빌딩 건너편 도로를 건너면 제방 밑에 준공기념탑이 있어요.

한번 가봐야겠네요.

그리고 도로가 차 때문에 자꾸 막히니까 지하도로랑 고가도로를 많이 만들었어요. 물론 그것 가지고는 필요를 다 충족시키지는 못했어요. 그러면서 구자춘 시장 시절에는 지하도 중에서 지하상가라는 걸 만들었어요. 그게 상당한 이권이었어요. 그래서 구 시장 측근이 아니면 접근을 못했어요. 지금도 그 상가들이 많이 남아 있잖아요. 어쨌든 그 당시에 어떤 공공의 필요성에 의해서 만든 것도 있지만, 지하상가를 만들면 수익이 생긴다는 점도 있었어요. 사업자들도 그걸 하려고 매달리고요. 그러니까 특혜처럼 되어 버린 것도 많았어요. 지하상가가 또 많이 만들어졌죠.

준공된 여의도 윤중제(1968년)

서울역 앞 고가도로(1970년)

잠실에도 있고, 종로 3가도 있고, 영등포에도 있고, 하여간 지하에 상가들은 다 그런 것들이었어요. 그렇게 한번 만들어지면 없어지긴 어렵죠.

지하철 3호선에 있는 고속터미널 지하상가도 그런 유형이었던 건가요?

그렇죠. 그런 측면에서 이루어졌죠. 한번 하니까 많이 만든 거죠. 서울시에서도 보니까 사람들이 횡단보도를 건너는 것보다는 지하보도로 다니면 지상 교통에 장애를 안 준다는 이점도 있으니까요. 그것도 공공의 자금이 안 들어가고 민간 자본으로 이뤄

지하상가를 시찰 중인 구자춘 시장(1978년)

졌거든요. 그러니까 폭발적으로 늘어났죠.

여담입니다만 2005년에 여의도에서 지하벙커가 발견되어서 일반에 공개되었는데요. 혹시 여의도 개발 당시 지하방공시설도 계획에 있었나요?

벙커는 잘 모르겠어요. 대피시설은 제가 들어보지를 못했어요.[5]

---

5 2005년 여의도환승센터 건립 공사 중 옛 중소기업전시장 앞 7m 아래에서 지하벙커가 발견되었다. 지하벙커는 240평 규모(약 793m²)이다. 벙커는 관련 자료가 전혀 남아 있지 않아 정확히 누가, 언제, 왜 만들었는지에 대해서는 완전히 밝혀지지 않은 상태이다. 다만 1976년 11월 항공사진에는 공사 흔적이 없으나, 이듬해 11월 항공사진에는 벙

조성 중인 5·16광장(1970년)

도로 지중화 공사를 하다가 발견을 했대요. VIP가 대피할 수 있는 시설이라고 합니다. 미사일도 막을 수 있다고 하거든요.

여의도 개발을 하면서 5·16광장을 만들잖아요. 그런데 그 광장이라는 건 비상 활주로가 되거든요. 거기에 군대의 CP Command

커 출입구가 보이는 점으로 보아 이 시기에 공사가 이루어졌을 것으로 추측하고 있다. 여의도 벙커는 2013년 서울시 미래유산으로 지정되었다.

Post계획이 들어있을지는 모르겠네요. 어쨌든 여의도 내륙은 제가 관여를 안 해서 몰라요. 저는 강 쪽에만 관여를 했거든요. 아마도 활주로 계획을 했다면 군 지휘소가 있을 수도 있겠죠.

서울시청의 강남 이전 계획에 얽힌 비화

이번에는 도시계획과 내부 조직에 대해서 질문을 드릴게요. 1970년대에 도시계획 업무가 많아지면서 분과가 된 걸로 알고 있습니다. 어떻게 나눠지게 되었나요?

도시계획과가 도시계획1과하고 도시계획2과로 나눠졌어요. 제1과가 시설기획을 맡았고, 제2과가 용도지역을 맡았어요. 제가 제2과 과장으로 있었어요. 그러다가 서울시청 이전 문제가 생기면서 제가 1·2과를 한꺼번에 맡았죠. 거의 6년을 맡았어요. 1978년부터 1984년까지였네요. 그러고 나서 한강개발부장으로 갔었죠.

서울시청을 이전하려는 계획이 있었나요? 일반 시민들은 잘 모를 것 같아요.

시청을 이전하려는 계획이 있었어요. 당시가 정상천 시장[6]이었어요. 정 시장이 청와대에서 왔거든요. 시청을 이전하겠다고 했죠. 그래서 우리가 계획안을 만들어서 올렸어요. 그러면 도시계

정상천 시장

획위원회를 통과한 다음에 고시를 하거든요. 그런데 이상하게도 시장이 사인을 안 하더라고요.[7]

옮기려고 했던 곳은 어디였나요?

지금의 서초동 대법원 자리였어요. 제가 그 부지를 선정했어요.

만약 계획대로 시청이 이전되었다면 서울이 지금과는 많이 달라졌을 수도 있겠네요.

그렇죠. 그래서 거기 있던 사람을 전부 다 이사시켰어요. 거기

---

6 정상천은 제17대 서울특별시장으로 1978년 12월 22일부터 1980년 9월 1일까지 재임하였다. 내무부 치안국장, 강원도지사, 해양수산부 장관 등을 역임하였으며, 청와대 제2정무수석비서관으로 있다가 서울시장에 임명되었다.

7 1980년 2월 서울시는 시청의 강남 이전 계획을 추진했다. 우선 같은 달 정상천 시장이 당시 최규하 대통령에게 시정 현황과 함께 시청 이전 계획을 보고하였다. 이를 통해 1980년 말까지 새로운 청사 부지를 확보하고 이듬해 건립을 시작해 1983년까지 종합청사를 준공하는 것을 계획하였다. 1980년 2월 19일 정상천 시장은 서울시청 부지로 서초동을 최종 확정하였다. 하지만 시청 이전 계획은 여야 국회의원을 비롯해 각종 사회단체 등의 반대에 부딪쳤다. 또한 관련 공무원 등에 의해 계획이 사전에 누설되었다는 혐의가 드러나면서 서울시 직원들이 수사를 받게 되었다. 이후 시청의 강남 이전 계획은 예산 부족 등으로 연기되었고, 1982년 〈수도권 내 공공청사 및 대규모 건축물규제계획〉에 따라 전면 백지화되었다. 이후 1989년 3월 11월 서초동 서울시청 이전 부지와 서소문 법원 부지의 교환 계약이 이뤄졌다(《조선일보》 1982년 12월 24일; 1989년 3월 12일).

오늘날 서초구 서초동에 위치한 대법원 청사

마을이 있었거든요. 전부 다 내쫓고 딴 데로 이주시켰죠. 그런데 문제가 생겼어요. 도시계획위원회를 통과하면 고시를 해야 해요. 고시를 빨리해야 하는데 시장이 결재를 안 하더라고요. 이상했어요. 뭔가 냄새가 난다고 생각했죠. 원래 시청 이전은 정상천 시장이 청와대에서 박 대통령한테 오더를 받은 거였어요. 그런데 이제는 시장이 결재를 안 하는 거예요. 이권이 걸려서 미루고 있다는 소문이 나더라고요. 한 달이 넘도록 고시를 안 해요.

그러다 보니까 언론에서 먼저 터져버렸고, 우리 과課에 있던 직원 4명이 어느 날 아침에 싹 다 잡혀갔어요. 저는 저녁에 검찰에 가보려고 했거든요. 직원들 보려고요. 그런데 그 부하 직원들한테 전화가 왔어요. "우리들은 밖으로 나왔어요. 가지 마세요.

내일 아침에 봐요."라고 그래요. 어떻게 되는 건지 모르겠어요. 이튿날 출근하니까 그러더라고요. 시청 이전 계획을 위해서 만든 도면 중 일부가 딴 데로 흘러갔다고요. 저희 과는 아니었지만 관련된 다른 과장 하나는 도망가고, 다른 계장 하나는 징역 3년을 살았어요.

부동산 문제로 연결되니까 일이 생기는 거네요.

그렇죠. 결국 시청 이전은 못했어요. 그게 1980년 3월 정도였던 거 같네요. 당시에 굉장히 큰 사건이었어요. 그러면서 대법원한테 땅이 팔렸죠.

88서울올림픽과 한강 개발

도시계획과장을 하면서 용도나 부지 선정과 관련해서 특별히 기억에 남는 건 없으신가요?

제가 과장으로 있으면서 서울에 있는 공원의 경계를 확정했어요. 이게 굉장히 어려워요. 땅과 관련된 이해관계가 얽혀 있으니까요. 제가 서울시 모든 공원의 경계를 확정하면서 이 당시에 그 체계가 완성되었죠. 어쨌든 도시계획과장으로 있으면서 민원도 징그러울 정도로 많았어요.

그다음에는 한강개발부장으로 가셨죠?

네, 맞아요. 그런데 한강개발본부도 만만치 않았어요. 제 옆방에 조희범 씨라고 도로과장이 있었어요. 저보다 한참 선배였어요. 한 10년 정도요. 그 선배가 "학재야, 너 요번에 자리 옮길 거 같다."라고 그랬어요. 그래서 저도 "이제 도시계획과장 6년 했으니 옮겨야죠."라고 그랬죠. 그랬더니 "한강본부 쪽으로 간다는 얘기가 좀 나오는 모양이야. 근데 넌 거기로 가지 마라. 내가 알아봤는데 한강으로 가면 귀신한테 잡아먹혀."라고 그래요. 무슨 말인지 몰라서 그냥 그러려니 하고 말았죠. 이튿날 인사명령이 났는데 한강개발부장으로 가라고 해요.

한강개발본부에 가니까 여의도에 임시 막사를 쳐놓고 40명이 근무했어요. 그렇게 해서 1986년도 즈음에 준공을 해요. 그때가 염보현 시장[8]이었어요. 그때 염 시장이 저를 전두환 씨한테 인사시키더라고요. 어떤 놈이 사진도 찍어놨어요. 제가 인사하는 사진을요. 어쨌든 그렇게 한강개발본부를 떠나서 다른 부서로 갔죠. 그런데 얼마 안 돼서 염보현 시장이 구속되면서 구치소로 갔어요. 의왕에 있는 구치소 알죠? 박근혜 대통령이 거기 있었잖아

8 염보현은 제20대 서울특별시장이다. 1983년 10월 15일부터 1987년 12월 29일까지 재임하였다. 재임기간 동안 지하철 2·3·4호선 완공과 한강종합개발 추진, 가락동 농수산물시장 개장, 목동신시가지 건설 등이 이루어졌다. 또한 1987년 서울아시아경기대회를 개최하였으며, 올림픽조직위원회 부위원장을 겸하면서 88서울올림픽 개최 준비를 맡았다.

제2차 한강종합개발 기공식(1982년)

요. 그리고 전두환도 백담사로 갔고요. 그때 제가 속으로 생각했어요. '한강에 귀신이 있긴 있는데 큰놈만 잡아먹는구나.'라고요.

현재 한강에 있는 공원들도 한강개발을 할 때 만들어진 건가요?

네, 그렇죠. 기본 콘셉트였어요. 원래 거기는 물이 썩는 곳이잖아요. 그걸 고수부지로 만들었죠. 그리고 흙으로 메꾸고, 공원을 만들었죠. 남는 흙으로는 도로도 만들고요. 하수관로랑 하수처리장도 만들고, 오수분류관이 랑 저수로도 정비하고요. 이게 사업의 콘센트였죠. 지금은 배가 다니지만, 그때만 해도 어떻게 배가 다니겠어요? 한강을 정비해야겠다는 의견은 여러 군데에서 있었죠. 누구 한 사람의 아이디어는 아니었어요. 누가, 어떻게 정비할 것인지, 인프라를 어떻게 만들 것인지는 혼자서 생각할 수 있는 게 아니었으니까요. 엄청나잖아요.

염보현 시장

그런데 당시가 김성배 시장[9]이었어요. 서울시에 계속 있었던 분이었어요. 그런데 이 사람이 좀 괴짜였어요. 저한테 "야, 일하기 싫지?"라고 하면서 재미있는 일을 시켰어요. 그때 하천에 공사를 하거나 다리나 도로를 놓으려면 허가를 받아야 하거든요. 하천 공작물 설치 허가라고 해요. 그리고 그 하천에서 모래도 채취할 수 있는데 그건 하천 점용 허가라고 그래요. 그런데 두 가

9 김성배는 제19대 서울특별시장이다. 1982년 4월 28일부터 1983년 10월 14일까지 재임하였다. 강원도지사, 경상북도지사 등을 역임하였다. 재임기간 잠실종합운동장 야구장 완공 및 주경기장 건설이 추진되었다.

지를 한꺼번에 내주라고 그러더라고요.

덕분에 현대건설이 이익을 많이 봤죠. 모래를 파서 팔고, 공사를 하고 공사비도 버는 거죠. 아주 묘한 발상이죠. 괴팍하다고 했어요. 다른 사람들은 이런 걸 못해요. 왜냐하면 했다가 감당을 못할 수가 있거든요. 저도 이런 게 어떻게 잘 됐는지 모르겠어요. 또 골재도 팔아요. 광진교 쪽 끄트머리에 있는 모래랑 행주 쪽에 있는 모래가 질이랑 양이 달라요. 행주 쪽은 콘크리트 만들 때 쓰거든요. 그런데 이걸 개량해서 서로 섞어서 팔았어요. 원래는 위험부담 때문에 못하는 건데 그걸 잘 했어요. 뚱딴지같이 일을 저질렀던 거죠. 그리고 저를 불러 그 일을 시켰던 거죠.

결국은 했어요. 덕분에 돈 한 푼도 안 들이고 한강개발을 했죠. 모래랑 자갈을 팔아서요. 김성배 시장이 추진하고 저는 애를 먹었던 거죠. 원래 집을 지으려면 돈을 줘서 지으라고 해야 하는데, "야, 넌 모래 파서 절반은 공사비용으로 쓰고, 나머지 절반은 여기다 메꿔서 도로 만들고 고수부지에 꽃 심고 해."라고 했던 거죠.

어떻게 보면 택지를 개발할 때 나오는 체비지替費地와 비슷한 개념이네요.

그렇죠. 그래서 엉터리 같기도 했어요. 그런데 완성이 되니까 좋았어요. 물난리가 날까 봐 수리모형시험도 몇 번에 걸쳐서 하고 그랬어요.

한강에서의 모래 채취 모습(1976년)

현대건설은 이득 많이 봤나요?

공구를 10개로 나눠서 했어요. 여의도 지역은 현대건설이 했고, 행주대교 쪽은 동아건설이 했죠. 그때 동아건설은 모래 채취를 위해서 준설선을 하나 샀어요. 그쪽 모래는 드래저dragger 선박으로는 안 되고, 펌프로 해요. 그런데 동아건설은 하도 파내서 모래가 산더미처럼 쌓였어요. 그런데 그게 잘 안 팔리면서 죽겠다고 했어요. 그래도 계약했으니까 제가 뭐 도와줄 수도 없었죠. 나중에 회사가 망가지는 원인 중에 그것도 있었대요. 4대강 사업도 그런 문제가 많았을 거예요. 골재가 한번에 그렇게 많이 생기는데 우리나라 시장은 작으니까요. 그 많은 모래를 한꺼번에 어디에다 쓰겠어요?

오늘날의 한강 일대의 모습

한강개발 이전과 이후의 수질은 달라졌나요? 혹시 공사 당시에는 수질 관리에 대한 개념이 있었나요?

한강이라는 그릇을 새로 싹 닦았죠. 아주 깨끗하게요. 시민들의 인식을 바꿔줬어요. 저는 그게 컸다고 봐요. 그리고 더러운 물은 하수구에만 버리게 한 거죠. 그러니까 그다음부터는 시민들이 한강을 깨끗하게 쓰고 그랬죠.

그전에는 한강 주변이 많이 더러웠나요?

뚝섬 같은 데를 가면 커다란 미루나무가 있어요. 예전에는 거기가 술 먹고 노는 곳이었어요. 그걸 하루 아침에 다 몰아냈죠. 일

잠실수중보 기공식(1984년)

단 사람들이 나가고 나니까 공원처럼 깨끗해졌잖아요. 그러니까 한강에 물고기도 살고 배도 뜨는 거죠. 그리고 원래 한강은 수심이 얕아요. 그런데 수중보가 양쪽에 있으니까 물이 그만큼 차는 거죠. 행주 쪽에 있는 수중보를 터 버리면 한남대교까지는 바닥이 드러날 거예요. 그때 유량을 계산하니까 그랬어요.

그런 건 처음 알았네요.

만약에 잠실수중보가 없으면 미사리 쪽은 백워러back water, 그러니까 배수 구간이 안 생겨요.

잠실수중보 공사도 그때 진행된 거죠?

그렇죠. 그때였어요. 제가 있을 때 막았어요.

수서지구 택지특혜공급사건에 얽힌 비화

이번에는 다른 이야기로 돌리겠습니다. 도시계획국장이었던 1991년에 수서지구 택지특혜공급사건이 발생했는데요. 이와 관련해서 경위를 듣고 싶습니다.

제가 1990년 4월에 도시계획국장으로 갔어요. 그런데 저는 국장 일은 제대로 해보지도 못했어요. 그때 전임자가 나가고 2개월 정도 자리가 비어 있었어요. 제가 서기관이라서 원래는 국장으로 갈 자격이 안 됐었죠. 그런데 고건 시장[10]이 저를 국장으로 보냈

10 고건은 1988년 제22대 서울특별시장과 1998년 제31대 서울특별시장을 역임하였다. 재임기간은 1988년 12월 5일부터 1990년 12월 26일까지 그리고 1998년 7월 1일부터 2002년 6월 30일까지이다. 전라남도지사, 대통령비서실 정무수석비서관, 교통부장관, 농수산부장관과 내무부장관을 지냈다. 1988년 서울시장에 임명되고 시정방침을 시민을 위한 '생활행정', 시민과 함께하는 '참여행정', 깨끗한 '공개행정'으로 정하고 시정을 추진하였다. 제2기 지하철 건설 및 내부순환도로, 북부간선도로 등 도시고속도로 착공과 빗물펌프장 확충 및 정비, 제방 축조 등 항구적인 수방대책 수립이 이루어졌다. 이후 김영삼 정부에서 국무총리를 지낸 뒤 제2기 민선 서울특별시장에 당선되어 2002년까지 역임하였다. 민원처리 온라인공개와 청렴계약옴부즈만, 전자수의계약 등을 추진하였다.

어요. 알고 보니까 고건 시장이 우이동 쪽에서 전철을 타고 오는 저를 몇 번 봤나 봐요. 전철에서 꾸벅꾸벅 졸고 있는 저를 말이죠. 열심히 일하고 출퇴근하는 걸 좋게 봤나 봐요. 그래서 서기관인데도 도시계획국장이 됐어요.

국장이 되고 한 달 정도 지났을 거예요. 시장이 저를 불러서 뭘 물어봐요. 청와대에서 요구하는 사안이 있다고 하면서요. 수서 이야기였죠. 담당자 입장에서 어떤지 말이에요. 그래서 "시장님, 그건 안 되는 겁니다."라고 말했어요. 그랬더니 고건 시장도 "어렵겠죠?"라고 그래요. 제가 말씀드렸어요. "어려운 게 아니고, 안 되는 겁니다. 어려운 것과 안 되는 것은 다르죠."라고 말이죠. 서로 대화가 좀 이상했어요. 그 이후론 그것과 관련해서 저한테 물어보지는 않았어요. 만약 그때 제가 "어렵더라도 한번 해보세요."라고 했다면 어떻게 됐을지 모르죠.

그런데 그해 8월이었어요. 국회건설위원회에서 한보의 정태수가 올린 청원이 가결되었어요. 청와대에서도 서울시한테 빨리 허가해 주라고 얘기하고요. 시장이 계속 뭉갰죠. 10월 말이었을 거예요. 과천 청사에서 장·차관 연찬회가 있었어요. 그때 고건 시장한테 압력이 들어왔어요. 도시계획국장을 바꾸라고요. 저 김학재를 말이에요. 그랬더니 시장이 "김학재를 왜 갈아요? 그 사람은 내가 시키는 일만 하는 겁니다. 그 사람은 남한테 이상한 소리 들을 사람이 아니에요. 그러니까 그런 소리 하지 마세요."라고 했대요. 거기서는 그렇게 끝났던 거죠. 그렇지만 결국 12월에 시장이 바뀌죠. 저를 바꿨으면 됐는데 안 바꾸니까 그 시장이 날아간 거죠.

후임으로 박세직 시장[11]이 부임했어요. 청와대에서 온 거죠. 전두환·노태우 때 셌잖아요. 오자마자 수서 건을 챙겨요. 저는 안 된다고 버텼어요. 그런데 어느 날 확대 간부회의를 하더라고요. 토요일이었는데 간부회의를 했어요. 그리고 서울시 간부들 이외에 이태섭 강남구 의원, 장병조 청와대 비서관, 뭐 하여간 별별 사람들이 다 왔어요. 그때 박세직 시장이 "그러면 내가 정치적으로 결심을 한다. 그러니까 내 결심에 따르시오."라고 하더라고요. 이제는 더 이상 막을 수가 없었어요.

그런데 그때 이동李棟 본부장이 "김학재는 정치인이 아닙니다. 정치적으로 결심하는 것인데, 정치인이 아닌 사람은 결재를 못 합니다."라고 말했어요. 여러 사람이 있는데 얘기가 그렇게까지 되니까 시장도 "그럼 나 혼자 사인을 하겠소. 가져오시오."라고 했어요. 그래서 서류에는 시장만 사인을 했어요. 어떻게 보면 제가 감추고 싶은 과거 중에 하나라고 할까요? 어쨌든 제가 사인을 안 해서 제 부하 직원들은 무사했어요.

그다음에 기자실로 갔죠. 바로 서울시가 그 땅을 한보건설한

---

11 박세직은 제23대 서울특별시장이다. 1990년 12월 27일부터 1991년 2월 18일까지 재임하였다. 안기부장을 거친 최초의 서울시장으로서 총무처장관, 서울올림픽조직위원장, 체육부장관 등을 역임하였다. 수서지구 택지특혜공급사건으로 인하여 서울시장으로 취임한 지 53일 만에 물러났다.

테 준다고 발표했지요. 그때부터 난리가 났어요. 일주일 후에 대통령이 텔레비전에 나와서 사과까지 했어요. 자기는 그런 줄 몰랐다고 말이에요. 박 시장은 그날로 목이 날아갔고요. 국회의원도 10명 정도가 잡혀 들어갔고, 정태수 회장도 잡혀갔어요. 엄청나게 잡혀갔지요.[12]

일단 저도 조사를 받았어요. 언론에 제가 무슨 조사를 받았는지 종일 보도가 되더라고요. 건설 때문에 시장 두 명이 그만둔 거잖아요. 제가 그 일을 맡고 있었으니까 제가 잡아먹은 거 같더라고요. 국회의원들도 10명 잡아먹은 거고요. 그래서 후임인 이해원 시장한테 공무원 생활 못하겠다고 했어요. "어떻게 여기 앉

12 수서지구 택지특혜공급사건의 전말은 다음과 같다. 1987년 제13대 대통령선거에서 노태우 후보가 당선되었고 선거공약 가운데 하나인 '주택 200만 호 건설사업'이 시작되었다. 서울시에는 총 40만 호를 건설하기로 하였고 1988년 지구신청을 시작하여 1990년 3월 12일 건설부로부터 택지개발 실시계획을 받았다. 그런데 1988년 4월 서울시가 건설부에 처음 지구신청을 한 직후부터 한보주택이 지구 내에서 토지취득을 시작하여 1989년 11월까지 약 5만 평을 매입하게 된다. 이때 서울시가 추진하던 수서지역 개발은 공영개발방식이었기 때문에 매입한 토지는 서울시에 강제 수용될 수밖에 없었다. 그러자 한보주택은 조합원 3,360명을 모아 '수서·대치지구 연합직장주택조합'을 구성하여 특별공급을 요청하였고, 민원과 로비를 벌였다. 또한 청와대와 정치권도 개입하여 특별공급을 요청하였으나 고건 서울시장의 태도는 변하지 않았다. 결국 1990년 12월 새로 박세직 시장이 임명된다. 그리고 1991년 1월 19일 토요일 박세직 시장 단독 결재로 수서지구 26개 주택조합용 택지의 특별공급을 승인했다. 결국 이러한 사실이 1991년 1월 31일자《세계일보》에 대대적으로 보도되면서 문제가 불거지게 되었다. 당시 노태우 대통령은 수서사건에 대한 특별감사를 지시하였으나 사태가 진정되지 못하였고, 9일부터 검찰수사가 시작되었다. 그 결과 국회의원 5명, 비서관, 한보회장 등 9명이 구속되었다. 서울시에서도 박세직 시장과 윤백영 부시장이 경질되었다(손정목,《서울도시계획이야기》5, 한울, 2003).

아 있어요? 저 못해요."라고요. 그러니까 이 시장이 저보고 미국으로 연수를 가라고 했어요.

일단 당시 사건에서 멀어지게 하려고 했던 거네요.

그렇죠. 제가 남을 수가 없었죠.

서울시 부시장으로 임명

1993년에 지하철건설본부 차장과 본부장을 역임하셨습니다. 다시 서울시로 돌아오신 건가요?

제가 미국 있다가 1993년에 전화를 받았어요. 그때 부시장이었던 우명규였어요. 나중에 시장도 하죠.[13] "야, 너 뭐 하냐."라고 묻기에 "골프 칩니다."라고 했죠. 그러니까 "지금 네가 골프 칠 때냐? 네가 지하철본부로 간다는 전제로 이동李棟이 지하철본부장으로 갔다. 그러니까 빨리 와서 본부장 보좌해라."라고 해요. 그래서 이동한테 전화를 했더니 "딴 얘기 하지 말고 빨리 와."라

13 우명규는 제28대 서울특별시장이다. 1994년 10월 22일부터 같은 해 11월 2일까지 재임하였다. 서울시 부시장으로 재직 중 성수대교 붕괴사건이 일어나면서 이를 수습하기 위해 기술직 관료로서 시장으로 발탁되었다. 하지만 성수대교 붕괴사건 수습 과정에서 여러 문제가 공론화되면서 11일 만에 사퇴하였다.

고 해요. 그래서 제가 한국으로 돌아와서 지하철건설본부 차장으로 가게 됐지요.

그런데 조금 있다가 보니까 이동이 주섬주섬 짐을 싸더라고요. 그때가 최병렬 시장 때였어요. "어딜 가세요?" 그랬더니 "어, 나 딴 데로 간다. 부시장으로 가."라고 해요. 제가 "그럼 여기 저질러놓은 건 어떡하고요?" 그러니까 "어, 그건 당신이 맡아."라고 하더라고요. 그래서 제가 본부장이 돼버렸어요.

그런데 인사과에서 사표를 내라고 해요. "왜 그러냐?" 그랬더니 본부장으로 올라가려면 1급이 되는데 직급 연한이 안 되니까 사표를 내야 한다고 하더라고요. 그렇게 해서 본부장이 됐어요. 한참 했지요. 열심히 했고요. 그렇게 본부장을 하다가 보니까 조순 시장[14]이 들어왔어요. 하루는 도봉산에서 등산을 하는데 거기 대폿집에서 감사담당관을 만났어요. 그 사람이 그러더라고요. 시장님이 제 뒷조사를 시켰다고요. 왜냐고 물었더니 부시장 인사 때문이래요. 그때 부시장 자리가 비었거든요. 그래서 제 뒷조사를 해오라고 한 거였죠. 저보고 부시장을 하라고요. 그래서 저는 "내가 아직 애들도 어리다. 그런데 거기는 좀 있다가 나오는 자리다. 내가 지금 부시장을 하면 어떡할 거냐? 그러니까 싫다고

14 조순은 제30대 서울특별시장이다. 첫 민선 시장으로서 1995년 7월 1일부터 1997년 9월 9일까지 재임하였다. 경제기획원 장관 겸 부총리, 한국은행 총재 등을 지냈다. 취임 전날 삼풍백화점 붕괴 사고가 발생하면서 취임식을 연기하고 붕괴 현장에서 공식 집무를 시작하였다.

좀 말씀드려라."라고 말해줬어요. 그런데 2~3일 있다가 명령이 났어요. 저보고 부시장으로 오래요. 그래서 조순 시장 때 제가 부시장이 되었어요.

그런데 조순 시장이 조금 있다 대통령 출마한다고 나가요. 그렇지만 저는 원래 시장 임기의 후반전인 2년을 부시장으로 있었어요. 그렇게 지내니까 새로 시장이 왔어요. 그게 또 고건 시장이에요. 예전에는 관선으로, 이번에는 민선으로요. 그렇게 고건 시장이 새로 당선이 되니까 저한테 시장취임위원회 위원장을 맡으라고 해요. 그래서 내무국장을 데리고 서류를 챙겨서 고 시장을 만나러 갔지요. 여전도회관이었어요.

고건 시장이 절 반갑게 맞아줬어요. "김학재 씨, 오랜만이야. 참 우린 구면이지?"라고 말이에요. 저도 "시장님, 여기 인수인계서 가지고 왔어요. 시장님, 하여간 시장 되신 거 축하드리고요. 잘해주세요. 저는 가겠습니다."라고 했더니 "왜 바빠?"라고 묻더라고요. 그래서 "바쁜 것보다도 물러날 사람이 시장님 앞에서 어기적거리는 게 도리가 아니죠. 그럼 수고하십시오."라고 했어요.

그랬더니 얘기 좀 하자고 해요. 둘이 소주나 마시자고요. 둘이 같이 한잔했죠. 어느 정도 마셨을 때 제가 말했어요. "저질러 놓은 지하철은 그래도 거의 다 해놨습니다. 이제 저는 갈 테니까 시장님이 잘 마무리하시고요."라고요.

그러면서 하나 물어봤어요. "그런데 제가 궁금한 사항은 하나 있어요. 그 옛날에 윗선에서 저 김학재를 날리라고 했잖아요. 그게 대통령의 지시인 걸 뻔히 아시잖아요. 그때 시장님은 대통령이 임명한 관선 시장이었잖아요. 그런데 국장을 바꾸라는 대통령의 명령을 거부하고 왜 본인이 그만둔 겁니까? 이해가 안 됩니다."라고 말이에요.

그랬더니 농담으로 말하더라고요. "야, 나 이번에 시장 재수하려고 그랬지."라고 말이에요. 맞는 말이죠. 수서 사건 때 저를 날렸으면 민선 시장을 못 했겠죠. 어쨌든 그렇게 됐는데 보통 시장이 부시장을 1~2년 정도 쓰고 바꿔요. 그런데 고 시장은 저를 4년 동안 죽어라 안 놔주더라고요.

조순 시장 때 2년, 고건 시장 때 4년, 모두 합쳐서 6년을 부시장으로 계신 거네요.

부시장만 6년 7개월을 했어요. 그러니까 제가 직원들한테 얼마나 미안하겠어요?

나가셔야 다른 분이 부시장으로 오시고 하는데요.

그렇죠. 그런데 제가 놔달라고 해도 그분은 실실 웃고 안 놔줘요.

고건 시장님의 업무 스타일은 어땠나요?

하여간 시민들 중에서 만나는 사람들 얘기는 전부 다 들어요. 제가 봐도 미련할 정도였어요. 답답한 얘기를 끝까지 다 들어요. "아이고 시장님"이라고 해도 "아, 알았어."라고 하고 다 들어요.

그러면서 미래를 분석해서 예측을 해요. 준비하는 능력을 가지고 있는 거죠. 지하철 5·6·7·8호선이랑 고속화도로 등이 다 고건 시장이 시작한 거였어요.

제일 잘한 것이 우리 공무원들의 머리를 바꿔놓은 거예요. 청렴이라는 걸 박아놨어요. 서울시에서는 그 이후로 구청 건축직의 담당 구를 매년 바꿔요. 그러니까 '종로에는 누구를 찾아가면 건축 허가가 난다.'라는 말을 듣지 말라는 거죠. 사람을 매년 바꾸니까요. 그리고 계장·과장·국장이 있으면 자기가 사인한 것을 인터넷에 전부 다 공표를 하게 했어요. 국장이 사인을 했으면 무슨 사유를 두었는지, 어떤 조건을 붙였는지를요.

건축직들이 난리를 쳤죠. 하지만 단호했어요. "싫으면 관둬." 라고 몰아붙였죠. 그렇게 하니까 돼요. 절차를 전부 다 공표했죠. 열람실을 만들어서 누가 결재했는지, 누가 모였는지, 조달청으로는 어떻게 전달되는지, 그런 것들을 알 수 있게 했죠. 그렇게 하니까 그게 당연한 게 됐죠.

부시장이 되셨을 때 50대 초반이면 젊은 편이었죠?

그렇죠. 제가 초급때는 승진이 굉장히 느렸어요. 주변 사람들은 다 빨랐는데 말이에요. 그러다가 나중에 수직 상승을 한 경우였죠. 덕분에 젊어서 부시장을 한 거예요. 6년 7개월을 한 것도 굉장히 오랫동안 한 거고요.

잘하셨으니까 안 봐주셨겠죠.

고건 시장이 볼 때 공무원의 부조리는 쉽게 못 끊는다고 생각했던 거 같기도 해요. 예전부터 관행이었으니까요. 시장이 볼 때 맘에 쏙 드는 적절한 사람이 없었다고 봐야 할까요? 그런 것 때문에 다른 사람 대신에 저를 계속 쓴 거 같기도 해요.

네, 장시간 수고하셨습니다. 말씀해 주셔서 감사합니다.

도시의 하드웨어는
국제행사를 할 때마다
한 단계씩 높아지는 것
같더라고요

면 담 자	박광명(동국대학교)
면담주제	서울시정과 공무원들(교통·도시기반시설)
면담일시	2018년 7월 11일(1차), 2018년 7월 24일(2차), 2018년 7월 31일(3차
면담장소	양재동 신성빌딩 7층

홍종민

1945년 강원도 강릉시 출생
1968년 서울대학교 토목공학과 졸업, ROTC 근무
1971년 기술고시 합격
1977년 서울시 건설국 도로보수과 근무
1983년 서울시 시설계획과장
1984년 서울시 도시계획과장
1988년 서울시 도시개발과장
1989년 청와대 경제비서실 파견 근무
1991년 서울시 도로국장
1993년 서울시 하수국장
1994년 서울시 종합건설본부 본부장
1995년 서울시 도시계획국장
1997년 서울시 지하철건설 본부장
1999년 서울시 도시철도공사 사장

기술고시 합격 후 서울시로 발령받기까지

이번 면담은 '교통과 도시기반시설 관련 서울시정과 공무원들'이라는 주제로 실시하는 서울역사편찬원의 구술채록입니다. 오늘은 홍종민 전 서울시 도시철도공사 사장님을 모셨습니다. 사장님께서는 1971년 기술고시를 보시고 서울시 도시계획과장을 비롯해 도로국장, 도시계획국장 등을 지내셨습니다. 그리고 1999년에는 서울시 도시철도공사 사장을 역임하셨습니다. 우선 처음 공직 생활을 시작하셨을 당시에 대해서 말씀 부탁드리겠습니다.

제가 강릉에서 태어나서 중·고등학교까지는 그곳에서 다녔어요. 그러다가 1964년에 대학을 서울대로 가게 되었죠. 그때는 서울대학교가 관악구로 옮기기 이전이어서 공과대학이 공릉동에 있었어요. 하숙할 형편이 못 돼서 금호동 로터리의 먼 친척집에서 다녔어요. 1년 정도 입주 가정교사를 겸했다가 학교 기숙사로 들어갔어요. 2명이 썼는데 작은방 정도 크기였어요. 그 기숙사도 해외 원조자금으로 지었다고 했어요. 군대는 ROTC가 되서 공병장교로 다녀왔고요. 1968년 3월에 갔어요. 원래는 군대복무 기간이 2년이었는데, 1968년에 김신조 사건이 일어나고 3개월 늘어나면서 1970년 6월에 제대를 했죠.

1971년에 기술고시를 보신 걸로 알고 있는데요. 몇 달 정도 준비한 건가요?

3개월 정도였나요? 실제 준비한 기간은 그것보다도 적었어요. 그때는 기술고시가 지금처럼 매년 있지가 않았어요. 몇 년씩 불규칙적이었죠. 실은 제가 제대했던 1970년도 봄에도 기술고시 공고가 났었어요. 그런데 그때는 제대하기 전이라서 고시를 볼 수가 없었어요. 그게 굉장히 안타깝더라고요. 아쉬웠죠. 제대하고 건설엔지니어링 회사에 들어갔는데, 이듬해 봄에 기술고시를 본다고 공고가 나오더라고요. 시험은 5월인가? 6월이었던가? 기억이 잘 안 나네요. 어쨌든 3월에 직장을 그만두고 시골 고향에 내려가서 공부를 했어요. 2~3달 정도 했는데 다행히 합격했죠. 그때 토목직으로 뽑은 게 6명 정도였어요.

선생님 집안에서 굉장히 좋아하셨겠어요.

고향에서는 기술고시에 대한 개념이 없었어요. 그냥 '자기가 좋아하는 직장으로 취직자리를 옮기는구나.' 정도로 생각했죠. 요즘 시골에는 플랜카드도 붙이는 거 같은데, 그때는 '누가 공무원 시험을 봐서 합격했다.'라는 정도로 생각했어요.

기술고시 합격 후에는 연수과정이 있었나요?

그런 건 없어요. 대신 들어가면 3개월 정도는 시보試補라고 하고, 그 후에 정식 사무관으로 발령이 나는 거죠. 사실 연수과정이 있는 쪽이 조직이나 사회에서는 더 좋을 거예요. 학교 공부만 하고 시험만 봐서 들어왔는데 밑에 주사들이 5~10살씩 나이가 많으니까요. 현장의 실무 경험도 필요하고요. 연수과정을 1년이나 6개월 정도 시키고 배치를 하면 공무원 사회가 더 잘될 수 있을 것 같다는 생각이 들어요.

최초 합격할 때에는 중앙직과 지방직의 구별이 있나요?

그때는 구별이 없었어요. 지금은 지방직이 별도로 선발되죠. 제가 처음 발령을 받았던 곳이 경기도 건설국이었어요. 과장 자리를 주더라고요. 그런데 주변 얘기를 들으니까 수원이나 의정부로 옮겨 다닌다고 그래요. 그런데 저는 서울 시내에서 근무하고 싶었어요. 그래서 총무처에 말해서 바꿔달라고 했죠. 그러니까 이번에는 국방부로 가라고 해요. 그게 1971년 말이었어요. 국방부에 시설국이 있어요. 시설국 산하의 국립묘지에서 근무를 하래요. 거기에 사무관 자리가 하나 비어있다고 그랬거든요. 이번에도 거절을 했죠. 두 번까지 거절할 수 있어요. 두 번을 다 써먹었죠.

그렇게 1972년 봄이 되니까 조달청 시설계약국으로 발령이 났어요. 이번에는 거절할 수가 없었어요. 원하지는 않았지만 서울 시내니까 어쨌든 갔어요. 종로4가 전매청 앞자리에 있었어요. 규모도 작고 하는 일도 단순했어요. 거기서 1972년도부터 근무를 했죠. 그 당시 김종필 씨가 국무총리였는데 정부의 여러 가지 계약업무를 맡을 창구를 일원화한다 해서 시설계약국을 만들었어요. 모든 정부 공사 계약을 여기서 처리했죠. 여하튼 그때는 초창기여서 일이 굉장히 바빴어요.

서울시로 오게 된 건 언제였나요?

제가 거기서 5년을 근무했어요. 그러다 보니까 '나는 토목기술자인데 이거는 내 적성에 맞지 않는구나.'라는 생각이 들더라고요. 이제 결혼도 했고 아이도 낳고 그랬거든요. 개인적으로는 바쁘게 지나갔지만 내가 평생, 정년퇴임까지 근무할 수 있는 직장은 아닌 거 같더라고요. 제가 토목이 전공이고 기술고시를 봤는데 조달청 업무가 폭이 좁게 느껴졌죠. 현장 일도 없고요. 조금 더 넓은 분야에서 경험을 쌓았으면 했는데, 마침 서울시에서 연락이 왔어요. 그래서 "가겠습니다."라고 해서 서울시 건설국으로 갔어요. 1977년 7월이었어요. 서울시 토목직으로 일하는 건 현장이나 기술적인 일도 있지만 여러 가지 민원도 많아요. 서류 일만 했던 조달청이랑은 업무 범위가 비교가 안 되죠.

서울시 건설국의 도로 건설과 포장 사업들

서울시 건설국으로 오시면서 담당했던 업무가 어떤 것이었나요?

제일 처음에 갔던 곳이 건설국 도로보수과였어요. 계장으로 갔지요. 도로는 다니다 보면 여러 하자가 생기잖아요? 도로가 파인다던지, 맨홀이 파손된다던지, 아니면 보도블록, 아스팔트, 경계석 보수, 이런 것들을 도로보수과에서 했죠.

도로에 하자가 나면 직접 가서 봐요. 그리고 작업팀에 연락을 해서 보수를 하도록 지시를 하는 거죠. 물론 그때는 도로 지하에 동공이 뚫려서 침하되는 일은 거의 없었어요. 지금은 개발이 많아서 대형빌딩이나 구조물을 짓다 보니까 지하에 물이 빠져나가고 흙이 쓸려가니까 그런 게 생길 수 있거든요. 또 지하에 매설물 공사를 많이 하니까 그런 일이 생겨요. 그렇지만 1970년대 같은 경우에는 큰 빌딩도 별로 없었고, 지하철 공사를 해도 주변에 집들도 별로 없었거든요. 도로 밑에 동공이 생겨서 침하가 되는 일은 없었죠.

필요할 때마다 하는 도로보수 이외에 별도의 도로보수계획 같은 건 없었나요?

제가 했던 업무 중에 도로보수나 도로포장 이외에 포장재 만드는 업체들을 관리하는 일도 있었어요. 지금도 중랑구 면목동에 가보면 산 밑에 인공폭포가 있는 공원이 있어요. 예전에는 거기에 아스팔트 생산하는 공장이 있었거든요. 아스팔트를 만들려면 자갈이 있어야 하거든요. 그걸 캤던 곳이었어요. 도로보수과에서 그런 곳들도 감독했죠.

1960~1970년대 서울이 한창 개발되었을 당시 도로보수가 많이 늘어났을 것 같아요. 특별히 하자가 많았던 도로가 있었나요?

그때는 전반적으로 도로보수가 많았어요. 강남대로도 처음에는 강남역 사거리였고요. 그때는 지하철 강남역이 없었지요. 거기부터 말죽거리까지 2차선만 포장이 되었어요. 옆에는 자갈길이었죠. 하자가 있어도 보수해 달라는 민원 요청이 거의 없었던 때였어요. 구멍이 뚫리고 움푹 파여 있으면 당연히 우리가 가서 고치죠. 그렇지만 다들 피해가고, 좀 늦게 고친다고 해서 민원을 제기하는 건 별로 없었어요. 도로 옆에 비포장이지만 자갈길도 있고, 교통량도 적었으니까요. 그런데 강북의 서울시내 도로가 파손되면 민원이 많이 들어와요. 중심가는 다 포장이 되어 있으니까요. 그렇지만 민원이 심각하게 오는 일은 없었어요.

서울시 도로포장이 완비되는 시기가 언제쯤이었나요?

포장이 어지간히 된 게 대략적으로 1986년 아시안게임이랑 1988년 서울올림픽 때였을 거예요. 도시가 한 단계 높아지는 계기가 아시안게임이랑 올림픽 그리고 월드컵 같은 국제행사를 할 때마다인 것 같더라고요. 하여튼 도시의 하드웨어가 아시안게임할 때 한 단계 높아졌고, 올림픽을 하면서 화장실이 좋아졌어요. 사람들이 외국인한테 친절하게 대해야겠다는 마음가짐도 달라졌고요. 매너, 생활방식, 교육도 그렇죠.

남산3호터널(1978년)

당시 기억에 남았던 개발사업이 있으신가요?

제가 처음 서울시에 왔을 때 남산3호터널이 공사 중이었어요. 그리고 지하철 2호선을 준비하고 있었지요. 그러다가 제가 1978년에 도로과로 갔어요. 거기서 제가 담당했던 게 여의도에 있는 원효대교를 착공하는 일이었어요. 그 당시만 해도 한강의 다리들이 밋밋하고 특색이 없었거든요. 그런데 이제는 좀 더 아름다운 다리를 만들자는 얘기들이 있었어요. 원효대교를 옆에서 보면 곡선 모양이거든요. 그걸 디비닥Dywidag 공법[1]이라고 해요. 독일

기술이었는데 그게 처음 적용된 거였어요.

원효대교에 톨게이트를 세워서 통행료를 받던 기억

원효대교를 건설했던 회사는 어디였나요?

동아건설[2]이었어요. 한강 다리들마다 건설사가 다 달라요.

건설부가 맡아서 하지는 않았나 보네요.

서울시 일은 서울시에서 하죠. 예전이나 지금이나 다 그래요. 건설부라는 곳은 주로 계획을 세우고 지침을 만들어요. 현장은 서울시가 하는 거죠. 그래서 현장 노하우는 서울시가 더 많이 쌓여 있어요.

---

1 콘크리트 받침대 없이 두 교각에서 콘크리트를 쳐나가다가 만나는 지점에서 슬라브 핀을 연결하는 방법의 공법이다. 일반 콘크리트보다 8배 이상의 강도가 요구되며, 슬라브 하중에 대한 정밀한 계산이 필요하다.

2 동아건설은 1970년대 서울 지하철 1호선 제3공구, 고리원자력발전소 1·2호기, 월성원자력 발전소 1호기, 원효대교 등 국가기간산업에 참여하였다. 1945년 충남토건사로 시작하였고, 1972년 동아건설사로 상호를 변경하였다.

1983년 이전 톨게이트가 있는 원효대교의 모습

건설비는 서울시 예산으로 충당했나요?

민자로 했어요. 원효로랑 여의도 쪽으로 교통수요가 많아질 것을 바라보고 만든 거였거든요. 동아건설에서 자기들 돈으로 건설하고 몇 년 동안 톨게이트를 설치해서 돈을 받았어요.[3] 190억

---

3 1981년 10월 완공된 원효대교는 투자된 민간자본의 상환을 위해 통행료를 받았다. 기간은 1981년부터 20년 간이었다. 요금은 이륜차와 삼륜차의 경우 100원, 기타차량은 200원이 책정되었다. 통행료 징수 이후 원효대교의 차량 이용 수는 당초 예상을 훨씬 밑도는 수준이었다. 1983년 1월 동아건설 측은 "통행료 징수가 이용자에게 불편을 주는 것은 물론, 당초 예상하였던 교통량 분산효과도 크게 거두지 못한다는 여론이 있어 무료통행이 가능하도록 서울시에의 헌납을 앞당긴 것"이라고 하며 서울시에 원효대교를 기증하겠다고 발표하였다. 결국 톨게이트는 철거되었고, 1983년 2월 1일부터 모든 차량은 통행료를 내지 않게 되었다.

원이었던가요? 공사비는 그 정도 들었던 걸로 기억해요. 지금 만들려면 2,000억 원 정도는 있어야 될 거예요. 물가가 10배 뛴 거네요.

일단 민자로 건설해서 몇 년 동안 톨게이트 요금을 받겠다고는 했어요. 그런데 사람들이 안 다녀요. 누가 통행료를 내면서까지 다리를 이용하려고 하겠어요? 막상 건설해놓고 보니까 서쪽에 있는 마포대교로 가는 거죠. 아니면 돌아가서 동쪽에 있는 한강대교 쪽으로 가죠. 40년 전에는 차들이 그렇게 많지 않았으니까요. 그렇게 몇 년 하다가 "아이고, 이럴 바에는 통행료를 안 받고 그냥 서울시에 기증하겠다."라고 해서 동아건설이 서울시에 그냥 기증을 해버렸던 거죠.

동아건설 입장에서는 손해였겠네요.

그렇죠.

원효대교 공사할 때 현장에서 사건이나 사고는 없었나요?

뭐, 특별한 사건사고는 없었던 것 같아요. 한강에 교각을 설치하는 게 중요해요. 수중 암반까지 정확하게 굴착해서 잘 도달되는 게 중요했거든요. 기초가 잘 세워지느냐 안 세워지느냐로 다리의 안전이 결정되거든요. 그걸 물속에 설치를 해야 하니까 신경을 많이 썼죠. 여러 가지 안전교육도 시키고요. 어쨌든 큰 문제는 없었던 것 같아요.

원효대교는 민자로 지은 최초의 다리이자 통행료를 냈던 최초의 다리였네요.

그렇죠. 한강에 있는 최초의 민자 다리죠. 남산터널이나 남부순환도로 구간 중에는 요금을 받는 경우가 종종 있지만, 다리 중에 민자로 건설해서 요금을 받은 거는 원효대교가 최초였어요. 원가, 투자비를 보전하기 위한 거였죠.

당시 서울시 내에서 민자 건설에 대해 비판적인 시각은 없었나요? 민자 건설사 쪽에서 이윤을 지나치게 많이 가져간다든지, 안전이나 시설이 미흡해진다는 시각이 혹시 나중에라도 내부에서 제기되지는 않았나요?

당시에는 건설 사업을 할 때 예산을 얼마나 절약했는지가 주된 관심사였어요. 물론 안전하게 설계대로 시공이 되어야 하겠지만요. 그리고 교량 건설은 비교적 공종工種이 단순해요. 공사비 선정이나 투자비 회수 방식도 투명했어요. 그래서 그런 문제는 제기되지 않았던 것 같아요. 나중에 일각에서 예산이 조금 더 들더라도 여러 시설을 만들고 쾌적하고 예쁘게 지었으면 좋지 않았겠느냐는 의견이 점점 늘어났지요.

역대 서울시장에 대한 인상과 기억

처음 서울시 건설국 오셨을 때 시장이 어느 분이셨나요?

제가 처음 서울시에 왔을 때가 구자춘 시장이었어요.

이전의 양택식 시장이나 김현옥 시장과 비교한다면 어떤 점이 다른가요?

제가 양택식 시장이나 김현옥 시장은 모셔보질 않았어요. 다만

가봉 외상에게 서울시 도시계획을 설명하는 구자춘 시장(1975년)

제가 구자춘 시장의 이미지를 봤을 때 굉장히 추진력이 강했던 거 같아요. 제가 처음 서울시에 왔을 때가 사무관 정도였기 때문에 시장에 대해서 정확하게 파악하기는 쉽지 않죠. 계장이었으니까요. 접촉을 해도 국장이나 과장이었고, 어쩌다가 결재를 들고 들어가는 정도였죠. 결재 맡으러 가는 것이 몇 번밖에 안 됐거든요. 중요한 게 있으면 국장한테 얘길 하죠. 그다음에 과장을 부르는 거죠. 사무관이 시장을 평가하기는 쉽지 않죠.

그렇지만 그때 분위기 같은 걸 봐서는 굉장히 추진력이 강한 분이었어요. 김현옥 시장도 굉장히 추진력이 강했잖아요? 양택식 시장은 좀 부드러운 면도 있었다고 해요. 어쨌든 구 시장도 군인 출신이었으니까 3명 다 굉장히 추진력이 강한 분이었던 것 같아요. 그러다가 1979년도에 정상천 시장이 왔으니까 구 시장을 모신 건 2년 정도였네요.

다들 군 출신들이 많았죠?

김현옥, 구자춘 시장 모두 군 출신이죠. 그 이전의 윤태일 시장도 군에서 오래 몸담았죠. 그리고 정상천 시장 같은 경우에는 군 출신은 아니지만 경찰에서 오랫동안 고위직을 하다가 서울시장이 된 경우였죠.

구로구청과 강동구청에서의 근무

1979년부터는 구로구 건설관리국장과 강동구 건설국장으로 근무하신 걸로 알고 있습니다. 일반적으로 사무관에서 서기관으로 승진하면 본청 밖으로 나가나요?

그렇죠. 일반적인 코스에요. 본청에서 사무관으로 있다가 서기관으로 진급하면 십중팔구는 구청의 국장으로 가요. 그게 제일

오늘날의 구로구청

무난한 코스에요. 그렇지 않으면 사업소의 소장으로 가고요. 일단 구청으로 가면 다양한 경험을 쌓을 수 있어서 보통 구청의 국장으로 많이 가요.

각 구청의 건설관리국이나 건설국이 1970년대 후반부터 신설되기 시작한 걸로 알고 있습니다. 국장으로 가셨을 때 구청 내 조직 분위기는 어땠나요?

구청들 산하에 건설관리국이 언제 생겼는지는 잘 기억이 안 나요. 단지 제가 구로구청으로 갔을 때가 1979년 10월이었어요. 그때 서기관으로 진급해서 구로구청으로 갔었죠. 당시 구로구가 영등포구에서 갈라져 나왔을 때였어요. 그래서 창설한다고 인력 확보하고 6개월 동안 준비해서 1980년 4월 즈음에 구로구청을 만들었죠. 그러다가 제가 강동구청으로 갈 때 되니까 건설관리국이 건설국하고 도시정비국으로 갈라졌었어요. 그때까지 건설관리국 아래에 8개의 과가 있었어요. 일이 복잡했죠. 그런데 그렇게 분리되고 나니까 일이 간단해졌죠. 제가 강동구청 가서는 건설국만 맡았거든요. 훨씬 일이 간단했죠.

구청의 건설관리국과 건설국이 맡았던 업무는 어떤 것이었나요?

건설국은 도로를 관리하는 게 주요 일이었어요. 그다음에 상수도랑 하수도를 관리했죠. 건설관리국은 건설국 업무에 주택과 관계된 일을 더 하는 거였어요. 건축허가와 공원녹지관리 그리고 무허가 건물을 단속하는 일을 했죠. 이후에 도시정비국이 생기면서 주택, 건축과 관계되는 것들은 갈라져 나갔어요. 그렇게 해서 건설국은 도로와 상·하수도 관리가 주요 업무가 되었죠.

이 시기에 시민들의 주거 문제나 땅값 같은 문제들이 커지는 걸로 알고 있습니다. 아무래도 무허가 건물 철거나 이주민 문제가 많았을 것 같습니다. 혹은 수재민 문제도 있고요. 건설관리국에서 그런 업무도 같이 담당했던 건가요?

건설관리국은 그런 것들을 다 하는 거죠. 무허가 건물 단속은 일단 다 해요. 수재민 같은 경우에는 수해 자체는 건설이랑 관련 있겠지만 보상 문제와 관련 있으니까 보사국에서 대책을 마련하죠. 하여튼 도시계획, 주택, 건축, 무허가 건물 단속, 도로 침수 등등 이런 일들은 건설관리국에서 해요. 예를 들어서 비가 많이 쏟아지면 구청에서 침대 깔아놓고 꼬박 밤을 새우고 대기를 했죠. 언제 어떤 일이 터질지 모르니까요.

1980년대 초반이면 도로나 상하수도 같은 서울의 도시기반시설은 어느 정도 갖춰져 있다고 봐야 하나요?

제가 볼 때 서울의 도시기반시설이 어지간히 갖춰진 시점은 지하철이 완공된 시점이라고 봐야 할 것 같아요. 서울 교통에 가장 기여를 많이 한 것이 지하철이었거든요. 그렇게 보이네요.

다른 질문을 드릴게요. 서울시의 중앙행정과 구청 단위의 행정 간의 차이점을 뽑으라면 어떤 것이 있을까요?

일단 국가의 중앙행정은 각종 규정을 만들고 기획을 하죠. SOC (사회간접자본) 분야, 국토 전체에 대한 마스터플랜을 짜서 계획을 만들죠. 그리고 지자체에서는 그 지침에 따라서 추진을 하는 거죠. 여기서 지자체는 민원을 직접 상대하는 거죠. 민원인하고 부딪치는 일이 굉장히 많아요. 국가 중앙행정은 그런 게 거의 없고요.

솔직히 도시기반시설은 규정대로만 하면 큰 문제는 없어요. 제일 어려운 것은 민원인들하고 여러 가지 의견이 상충될 때 그걸 절충해나가는 거예요. 지하철 건설할 때 집을 철거해야 하면 거기에 민원이 생기죠. 도로를 건설할 때 그걸 보상하려고 하면 보상비 더 달라고 민원이 생기죠. 뭐 도로가 생기면 소음이 생긴다. 지하철 공사하는 데 소음이 생긴다. 이런 민원 문제를 해결하는 게 제일 큰 업무죠. 지자체의 토목직 공무원한테 건축이나 기술적인 일은 큰 문제가 있을 게 없어요. 설계한 대로 시공하면 되니까요.

본청으로의 복귀와 시청광장 조성 계획

구청에 계시다가 1983년부터는 다시 서울시청으로 가셔서 시설계획과 과장으로 근무하셨고, 1984년부터는 도시계획과 과장으로 근무하셨는데요. 당시 담당하셨던 업무와 그것들과 관련된 일화에 대해서 말씀 부탁드리겠습니다.

그렇게 제가 구청을 두 군데 다니니까 그다음에는 본청 도시계획국 시설계획과 과장으로 발령이 났어요. 시설계획과에서 했던 일 중에 제일 기억나는 게 학교시설을 확보하는 일이었어요. 학교는 아무 곳에나 막 지을 수 있는 게 아니거든요. 서울시 도시계획위원회에서 '여기는 학교가 들어갈 땅이다.'라고 결정을 해서 고시를 해야지만 학교가 들어가요. 학생들이 많은데 학교가 없다고 교육청에서 마음대로 지을 수 있는 게 아니거든요.

그런데 땅을 확보하려고 하면 민간인들이 전부 들고일어나요. 일단 땅 자체가 대부분이 민간인 땅이죠. 서울시 땅은 별로 없어요. 물론 요즘은 보상비하고 시세가 어지간히 비슷하지만 그때만 해도 보상비는 현시세보다 훨씬 쌌거든요. 민원인들이 문제를 제기했죠. 그렇지만 그 당시에 학교시설을 많이 확보했던 게 기억나요. 대학교도 그렇고 초·중·고등학교 부지가 많이 필요했어요. 숙명여대랑 삼육신학대학에서 학교용지를 확보한다고 해서 여기저기 쫓아다니던 게 기억나네요. 어쨌든 고등학교나 중학교는 뭐 엄청 땅이 필요했어요. 그러한 것들을 시설계획과에서 많이 했죠. 이외에도 도로나 한강에 다리를 신설하거나 할 때 어디 들어가는지 고시를 하거든요. 그게 시설계획과의 업무였어요.

개인적으로 가장 기억에 남은 건 지금의 시청광장이에요. 시청광장이 이명박 시장 때 만든 거잖아요. 그런데 원래는 1983년에 제가 시설계획과장을 하면서 그 계획을 세웠어요. 아마 그걸 아는 사람들은 거의 없을 거예요. 그때는 시청 주변에 교통이 혼잡했거든요. 그래서 교통처리계획을 세워보라는 지시가 떨어졌어요. 시장 지시를 받아서 추진했던 거죠. 시장한테 오더를 받아서 저한테 지시한 사람은 도시계획국장이었던 안상영 국장이었어요.

그런건 시 공무원들이 단독으로 하는 게 아니라 외부의 전문가한테 용역을 주거든요. 그걸 맡았던 사람이 올림픽 경기장을 설계했던 김수근 교수였어요. 그때 김 교수가 용역을 맡아서 몇 차례나 토의를 거쳤어요. "시청광장의 교통처리계획을 이렇게 하는 것이 좋겠다."라고 해서 계획을 세웠죠.

그럼 20년 정도 지나서 그 계획이 서울광장으로 실현된 거네요.

그렇게 되네요.

2004년 개장한 서울광장

처음에 계획 세워졌을 때랑 많이 유사한가요?

제가 보기에는 원래 계획 그대로 같아요. 그때 계획을 세우면서 경찰하고 청와대랑 같이 협의를 했거든요. 그런데 경찰하고 협의하는 과정에서 여러 가지 생각지도 못했던 문제들이 나오더라고요. 교통 처리도 그렇고요. 자기들도 확신을 갖지 못하겠다고 하더라고요. 그러니까 기존에 있던 그대로 했으면 좋겠다고 하더라고요. 그리고 또 하나는 시청 앞으로 VIP가 많이 지나가는데, 만약 시청광장에 사람들이 다니면 VIP 차량과 시민들이 너무 근접하게 된다고 그러더라고요. 원래는 그 공간이 사람은 들어갈 수 없고 차만 다니는 길이잖아요. 거기서 행사를 해서 사람들이 많이 모일 때 대처하기가 좀 어렵겠다고 했어요. 결국 당시에는 시기상조라고 결론이 났어요.

또 그때는 지하철 5호선, 6호선, 7호선 같은 계획도 세우고 있었거든요. 그러니 일단은 지하철이 완공된 다음에 검토하자고 했죠. 언론에 노출되지 않게 봉인을 하고요. 그 계획안을 시청 창고에다가 보관했던 기억이 있어요.

관련된 자료를 개인적으로 가지고 계신가요?

그런 것들은 하나도 없어요. 전부 시청에 있죠. 도시계획국장실 뒤쪽에 창고가 있었는데 거기에다가 넣어놨어요. 언론에 나가면 안 되니까 보안을 유지하면서 계획했거든요. 나중에 후임들이 그걸 창고에서 꺼내서 이명박 시장한테 건의한 것 같아요.

그런 내용은 처음 듣는 것 같아요.

실은 제가 후배들하고 식사할 때 그런 계획이 창고에 있다고 몇 번 얘기를 했거든요. 그래도 자기가 직접 한 일이 아니니까 대부분은 한쪽 귀로 듣고 한쪽 귀로 흘려버렸을 거예요.

예술의전당 위치 선정에 얽힌 기억

이 시기 예술의전당도 만들기 시작했어요. 현재의 위치에 만들게 된 경위에 대해서 듣고 싶습니다.

제가 시설계획과장이었을 때 예술의전당을 만들었어요. 당시 그런 시설은 사람들이 많이 접근할 수 있는, 좀 더 대중교통이 편리한 곳에다가 세워야 한다고 생각했죠. 그런데 문화공보부에서 그곳으로 결정했어요. 사업을 주관하는 곳이 문화공보부였거든요. 그때 장관님이 서울시에 서초동에 예술의전당 부지를 확보

예술의전당

를 해달라고 강력히 건의를 했거든요. 그래서 마지못해 거기에 예술의전당을 세우는 걸로 도시계획 결정을 했어요. 문화공보부에서 돈을 들여서 예술의전당을 건설하지만 일단 서울시 관할이거든요. 서울시 도시계획국에서 예술의전당 부지라고 도시계획시설 결정을 해야만 일이 시작되요.

혹시 큰 건설사 같은 곳에서 로비를 한 것은 없었나요?

기업하고는 상관이 없어요. 서울시 입장에서는 시민들이 주로 이용을 하는 거니까 좀 더 대중교통이 편리한 곳이 좋은데, 문공부에서 굳이 그쪽에다 짓겠다고 강력하게 의지를 표현했거든요. 외곽에 들어간 것 자체가 의외였죠.

그다음에 도시계획과장을 했을 당시 불합리한 도시계획에 대한 민원이 엄청나게 많았던 게 기억나네요. 땅이 도로나 공원으로 묶여있는데 도로 건설이 제때에 안 돼서 보상을 못 받으니까 재산권 행사를 못한다거나, 도시계획시설에 묶여서 아무것도 못하고 있다는 민원이 많았죠. 풍치지구, 공원지구, 녹지지역 등등 이렇게 도시계획에 묶이면 재산권을 행사할 수 없으니까요.

그런 걸 해결하기 위해서 도시계획시설을 재정비하는 작업을 대대적으로 했어요. 도시계획상에서는 사소한 것들이지만 시민들한테 영향을 미치는 게 많거든요. 도시계획시설 재정비라고 하는 게 어떻게 보면 굉장히 큰 사업이었던 거죠. 그때를 기점으로 해서 해마다 조금씩 도시계획시설 중에서 불합리한 부분은 풀어주고, 묶여 있는 것은 빨리 보상을 해주는 작업을 한 거죠. 이러한 재정비사업 덕분에 지금은 그래도 그 분야의 민원이 많이 줄어들었어요. 제가 보기에는 그런 것 같아요.

그런 작업들이 아시안게임이나 서울올림픽과도 연관이 있나요? 아무래도 큰 국제대회를 준비한다는 차원에서 말이죠.

조금은 연관이 있다고 봐야 할까요? 국가적인 사업이니까 당연히 그렇게 해야 할 일이긴 하지만 그거 자체를 목표로 한 것 같지는 않아요. 1986년에 아시안게임이나 1988년 올림픽을 할 때도 외국 사람들이 많이 왔지만, 서울광장이나 예술의전당이 그것에 큰 영향을 주는 시설은 아니었다고 생각하거든요. 게다가 일단 불합리한 도시계획시설 재정비가 시민들한테 미치는 영향이 엄청 크잖아요. 그래서 관계된 민원도 엄청 많았으니까요. 그동안에 우리가 전쟁이 끝나고 1950년대, 1960년대, 1970년대를 거쳐오면서 그런 건 신경을 쓸 겨를이 없었잖아요. 그러니까 어떻게 보면 그런 민원을 해결한다는 것 자체가 본격적으로 도시가 발전하는 과정이라고 봐야 할 것 같아요.

프랑스 유학 시절 도시계획에 대한 인식의 변화

1985~1987년 사이에 프랑스 건설대학으로 유학을 가시게 된 걸로 알고 있습니다. 어떤 연유로 가게 되셨는지요?

제가 1985년에 유학을 갔어요. 사실은 1983년에 전두환 대통령이 공무원 사회도 새바람을 불어 넣겠다고 해서 각 부처 공무원 중에서 유능한 공무원 두 명씩을 선발해서 선진국에 가서 장기적으로 보고 오는 제도를 만들었어요. 1983년에 저랑 서울시의 다른 사무관 한 사람 그리고 정부 쪽에서 건설부 과장 두 사람, 이렇게 4명이 1팀이 되었어요. 각 분야별로 각 지역을 나눠서 가기로 했어요. 어떤 팀은 미국으로 가고, 어떤 팀은 캐나다로 가고, 여러 군데를 갔어요. 제가 있던 팀은 일본하고 구라파(유럽)였어요. 덕분에 독일하고 영국을 갈 수 있었어요. 그때 우리 쪽에는 도시계획이나 토지 문제를 어떻게 해결하는지 보러 간 거였어요. 그쪽 공무원들하고 접촉을 해서 공부를 한다는 거죠.

그렇게 해서 1983년에 두 달 동안 해외 출장을 갔던 거죠. 그때 제가 가서 보고 많이 느꼈어요. 실은 1979년에도 일본하고 홍콩, 대만을 다녀온 적이 있거든요. 그때는 며칠만 가서 그냥 보고 오는 정도였어요. 그런데 이번에는 1~2달이나 되잖아요. 일본과 독일, 영국 공무원의 얘기도 들어보고, 선진국 공무원들한테 일하는 것이나 우리가 의심나는 것을 물어보기도 했죠.

이런 과정을 거치면서 서울시에서 공무원 생활을 하지만 제가 아는 분야나 시야가 정말 좁았다는 생각이 들더라고요. 저도 언젠가는 외국에 가서 1년이나 2년 정도 장기적으로 공부할 수 있는 기회가 있으면 좋겠다고 생각한 거죠. 그렇지 않고 지금의 이런 방식으로 계속 공무원 생활을 하면 시민들한테 기여할 수 있는 것도, 제 능력도 한계에 부딪칠 수 있을 것 같더라고요. 물론 서울시 일이 바빠서 쉽게 갈 수는 없었어요. 도시계획과장이나 시설계획과장은 일이 많거든요. 엄청 민원도 많아요. 민원인들이 와서 멱살잡이도 하고 항상 정신없이 돌아가는 판이었거든요. 일본이랑 구라파를 다닐 때는 그런 생각을 했지만 다시 시청에 오니까 신경 쓸 겨를이 없었죠.

그런데 문득 우연한 기회에 유학을 갈 수 있는 일이 생겼어요. 중앙부처 친구들이 해외로 연수를 다녀온다는 거예요. 그런 얘기를 들으니까 시청 일이 바쁘기는 하지만 꿈을 실현해 봐야겠다는 생각을 하게 됐죠. 그 친구들은 미국이나 영국 같은 영어권으로 많이 갔어요. 그런데 영어권은 만 38세 이전에 시험을 봐야 했어요. 그때 제가 30대 후반이었거든요. 나이 때문에 영어권은 시험은 볼 수가 없더라고요. 그런데 비영어권, 프랑스나 독일, 스페인 같은 곳은 만 42세까지도 시험을 볼 수 있다고 하더라고요. 그래서 몇 개월 동안 불어를 공부해서 프랑스로 유학을 가게 되었던 거죠.

이때 프랑스어를 처음 배우신 건가요?

네, 처음 배웠어요. 물론 지금은 거의 다 잊어버렸어요.

가서 수업 듣고 논문을 쓰실 정도라면 상당한 수준인데요.

그렇게 짧은 기간 불어 공부를 한 다음에 제대로 수업 듣고, 제대로 논문을 쓴다면 천재 중에 천재겠죠. 그냥 가서 안간힘을 쓰는 거죠. 건설 분야의 가장 엘리트들이 공부하는 학교에 가서 공부하고 싶었던 거죠. 물론 입학하는 과정에서부터 불어가 안 되니까 3번이나 거절당했어요. 그쪽 선생하고 접촉을 해서 불어가 안 된다고 하니까 1년 동안은 청강생으로 다니라고 하더라고요. 그렇게 해서 1년 동안은 정식 입학도 못하고 그냥 청강생으로 다녔어요. 그러고 나서 정식으로 입학을 하고 다녔던 거죠.

프랑스 국립건설대학은 에꼴데퐁제쇼세École des Ponts et Chaussées라고 하거든요. 그 나라 사람들은 그 대학을 그랑제콜Grandes Écoles이라고 해요.[4] 건설 분야의 엘리트대학이라고 하는 거죠. 그 대학 사람들은 엘리트 의식이 아주 강했죠. 또 거길 나온 사람들은 사회적으로 우대를 받거든요.

---

4 1747년에 최초 설립된 프랑스 공립 공학계열의 그랑제콜(Grandes Écoles) 대학이다. 그랑제콜은 프랑스의 엘리트 고등교육기관의 종류로 해당 대학을 졸업한 학생은 성적순으로 관청, 기업, 대학 교수직 등의 지위가 주어진다.

프랑스 같은 유럽 국가들을 보면 도시개발의 경우에도 기존의 도심을 유지하면서 개발하는 경향이 있는 걸로 알고 있습니다. 도시재생이라고 할까요? 기존에 1960~1970년대의 서울의 개발 방식과는 많이 달랐을 것 같은데요. 유학을 가셔서 생각의 변화나 다른 느끼신 점 같은 게 있으셨나요?

제일 크게 바뀐 건 시민 본위의 행정을 하자는 거였어요. 환경친화적이라고 할까? 환경에 어울리는 행정을 해야 한다는 것이 제일 크게 와닿았어요. 예를 들면 그때 제가 잠실 15층 아파트에 살았거든요. 그런데 1985년에 프랑스에 가보니까 파리 시내에 있던 고층아파트를 다 폭파시키고 있더라고요. 예전에 남산 외인아파트 철거할 때처럼 말이죠.[5] 그러고 나서 그 자리에 공원을 더 많이 만들고 아파트를 지어도 3층이나 5층 정도로 짓더라고요. 우리로 보면 연립주택인 거죠. 왜 그러냐고 물어보니까 고층아파트에 살면 사람의 인간성이 피폐해지고 범죄도 증가한다고 하는 거예요. 여러 학자들의 연구를 통해 그렇다고 하면서 전부 철거해서 없애버린다는 거죠.

그래서 물어봤어요. 그럼 너희들이 파리 시내에 지었던 고층아파트를 철거할 거라면 왜 그렇게 지었냐고 말이에요. 그네들도 이유가 있더라고요. 프랑스도 제2차 대전이 끝나고 식민지가

5 남산 외인아파트 철거는 1990년 8월 서울시 '남산 제모습찾기 사업계획'의 일환으로 계획되었다. 남산 외인아파트는 1994년 11월 20일 철거되었는데, 2,300개의 구멍에 470kg의 다이너마이트를 설치하여 15초 만에 완전히 해체하였다.

독립하면서 해외에 있던 사람들이 많이 귀국을 하거든요. 그러다 보니까 경제적으로 어려운 사람들이 대도시로 몰려들고 집은 부족하니까 그렇게 지은 거였죠. 그래서 1950~1960년대에 고층 아파트를 지었대요. 그런데 1980년대 와서 보니까 문제가 보이는 거죠.

프랑스는 벌써 30년 전에 그렇게 했는데, 우리나라는 이상하게도 30년이 지난 지금에 와서 더 고층화가 되었죠. 30~40층, 재건축할 때는 50~60층까지 해달라고 난리를 치죠. 이렇게 하는 게 우리가 도시행정을 제대로 하는 것인지 잘 모르겠어요. 요즘에도 그런 생각이 들어요.

외국으로 여행을 다니거나 출장을 다니면 알겠지만 파리 시내는 대부분 아파트가 옥탑방까지 있어도 6~7층 정도로 살고 있거든요. 그 사람들은 기본적으로 고층화, 과밀화, 이런 지역에서 살면 인간성이 피폐해지고, 범죄도 많이 일어나고, 환경에도 좋지 않다고 인식하는 거죠. 우리나라도 재벌가 집을 보면 어느 동네에 살아도 대부분 그냥 큰 저택에 살잖아요. 1~2층 단독주택이죠. 그런 사람들은 이미 그쪽이 좋다는 걸 아는 거죠. 지금 행정을 보면 정부에서 높게 짓는 것을 권장하지는 않겠지만 묵인하니까 고층으로 짓는 거겠죠. 얼마 안 가서 큰 사회적 문제가 되지 않을까 하는 생각이 들더라고요.

다시 서울시 도시개발과장으로 근무, KAL기 폭파 사건에 대한 기억

유학 다녀오시고 나서 다시 서울시 도시개발과 과장으로 근무를 하시게 됩니다. 이때가 1988년 서울올림픽이 열릴 시기였는데요. 가장 바쁘게 일하셨을 시기였을 것 같아요. 실제로 어땠나요?

바빴죠. 제가 1987년 11월 말에 귀국을 했어요. 제가 귀국한 날 김현희가 KAL기를 폭파했거든요.[6] 제가 파리에서 알래스카를 거쳐서 한국으로 왔거든요. 그런데 중간에 비행기가 몇 시간이 지나도 뜨질 않더라고요. 나중에 알고 보니까 구라파에서 출발한 비행기 중에 하나가 폭파됐다고 그래요. 저희 가족들도 깜짝 놀랐죠. 그나마 저는 다행이라고 할까요? 그때 구라파에서 출발한 비행기가 오는 코스가 2가지였어요. 북쪽 코스랑 남쪽 코스였거든요. 제가 타고 오는 비행기는 북쪽 코스였는데, 남쪽 코스로

6 1987년 11월 29일 대한항공(KAL) 858기가 북한공작원 김현희 등에 의해 미얀마 안다만 해역 상공에서 폭파된 사건이다. 북한의 지령을 받은 김현희·김승일은 1987년 11월 28일 바그다드발 아부다비~방콕 경유 서울행 대한항공 858기에 탑승하였고, 김현희는 쇼핑백에 넣어 소지하고 있던 시한장치 폭발물을 선반 위에 올려놓은 채 휴대품만 들고 아부다비 공항에 내렸다. 방콕을 향해 계속 운행하던 대한항공 858기는 11월 29일 14시 5분경 공중 폭파되어 결국 탑승자 115명 전원이 사망하였다. 김현희와 김승일은 같은 해 12월 1일 바레인 공항에서 체포되었으며, 김승일은 조사 도중 현장에서 독약을 삼켜 죽었다. 김현희는 재판을 받고 1990년 3월 상고심에서 사형이 선고되었으나 그해 4월 대통령 특사로 풀려났다.

날던 비행기가 폭파됐던 거였죠. 하여튼 그래서 파리에서 귀국했던 날은 생생히 기억해요.

그나마 다행이었네요.

어쨌든 그렇게 다시 와서 1988년에 도시개발과장으로 발령을 받았어요. 제가 프랑스에서 도시계획 분야를 공부했으니까 발령을 낸 거죠. 당시에는 구획정리과였어요. 도시계획국에서 굉장히 오랫동안 유지해왔던 과였어요. 그때까지 강남개발이나 잠실개발은 전부 〈토지구획정리사업법〉으로 했거든요. 그런데 그게 토지주들한테 혜택이 과도하게 돌아가요. 그래서 정부에서 〈도시개발법〉을 만들었어요. 앞으로는 구획정리사업으로 도시를 개발하지 말고 〈도시개발법〉으로 도시를 개발하도록 한 거죠. 좀 더 공공 개념이 가미된 거였어요.

그렇게 하면서 구획정리과가 도시개발과로 이름이 바뀌었어요. 그때 도시개발과에서 주관했던 일들 중 하나가 서울시도시개발공사, SH공사[7]라고 있죠? 그걸 창립했어요. 물론 서울시의 여러 과들이 힘을 합쳐서 만들긴 했지만 기존에 구획정리과가 담당하는 사업을 포함해서 서울시 개발이나 관리 업무를 서울시도시개

7 SH공사는 1989년 2월 서울특별시 도시개발공사로 출범하였다. 2004년 3월 'SH공사', 2016년 9월 '서울주택도시공사'로 사명을 변경하였다. 서울시민의 주거안정과 복지 향상을 목적으로 설립되었다.

서울시도시개발공사(1989년)

발공사에서 주관해서 하도록 한 거죠. 어쨌든 도시개발과장으로 있으면서 구획정리사업의 마무리 작업, 그러니까 민원 남은 것들을 처리를 했고, 도시개발과로 이름을 바꾸면서 서울시도시개발공사를 창립하는 일에 참여했던 게 기억에 많이 남아요.

서울시도시개발공사, 지금의 SH공사가 하는 일 중에 토지와 관련된 것도 중요하지만 주택 보급 같은 일도 중요한 걸로 알고 있는데요. 이때부터 임대주택 업무도 많이 했나요?

그때 임대주택이라는 개념이 들어왔죠. 아마 노원구 중계동이랑 상계동 지역인가요? 서울시도시개발공사의 임대주택에 사람들이 처음 입주했던 것 같아요. 1990년 정도였을 거예요. 그때 저도 입주식 행사에 참석했어요.

물론 제가 도시개발과장이지만 도시개발공사를 완전히 관장하는 기구는 아니었어요. 왜냐하면 개발공사의 자금이나 위임 업무가 어디에서 나오는지가 관건이거든요. 서울시에서 자금줄을 쥐고 있는 건 예산과예요. 그러니까 공사도 예산과나 각 주관부서의 입김이 더 컸던 것 같고, 오히려 도시개발과의 영향은 적었던 것 같아요.

청와대 경제비서관실 근무와 신도시 개발

서울시에 계시다가 1989년에 청와대 경제비서관실로 가시게 됩니다. 여기가 우리나라 경제의 컨트롤타워였는데요. 파견을 가시게 된 배경이나 어떤 업무를 담당하셨는지 이야기를 듣고 싶습니다.

당시가 노태우 정부 때였어요. 그때 우리나라에서 처음으로 대규모 신도시를 건설하게 되었죠. 분당·일산·평촌, 그다음에 산본 등등. 당초 생각은 분당에서 시작했었죠. 집값을 떨어뜨리기 위해서 대대적으로 주택 200만 호를 건설하겠다고 했잖아요.[8] 대통령 공약사항이었는지는 잘 생각이 안 나네요. 그때 집값이 막 올라갔으니까요.

집값이 얼마나 올라갔냐 하면 1985년 프랑스로 떠날 때 제가 잠실에 살던 아파트를 팔고 갔어요. 전두환 시기에 제가 보니까 집값이 오르지 않고 그냥 그대로였어요. 그러니까 더 이상 올라가지 않겠다고 생각했던 거죠. 그렇게 해서 프랑스에 2년 반 동안 있으니까 집값이 상당히 올라가 있더라고요. 딱 대통령 선거 때였어요. 돌아와서 집을 사려고 복덕방에 가보니까 대략 시세가 5,000~6,000만 원 정도였던 32평짜리 아파트가 일주일 만에 200~300만 원이 올라가요. 일단 대통령 선거가 끝나면 집값이 안정된다고 생각했어요. 1~2달을 기다렸죠. 그런데 1988년 연초에 보니까 집값이 더 올라가는 거예요. 그때 정부에서 주택 200만 호를 건설한다고 발표하고 분당에 대대적으로 지었던 거죠.

그때 청와대에서 신도시계획단지라는 것을 만들거든요. 집행하는 것은 국토부에서 하지만 기획은 청와대에서 해요. 그런데 제가 프랑스에서 공부하고 왔다고 하니까 (청와대로) 오라고 한 거였어요. 그렇게 해서 제가 참여하게 된 거죠. 서울시에서는 제가 참여했고요. 국토부랑 주택공사, 토지공사, 국토개발연구원

8 1987년 제13대 대통령선거에서 노태우 후보는 선거공약으로 '주택 200만 호 건설'을 발표하였고, 1988년 공식적인 주택 공급 목표가 되었다. 서울과 수도권을 보면 5년 간 서울에 40만, 경기 28만 등 목표 건설량의 45%를 공급하기로 했다. 하지만 정책 발표 당시 수도권 집중을 가속화할 수 있으며, 민간에게 개발 이익을 보장해야 하는 상황으로 투기성 자금에 의존할 것이라는 비판도 나왔다. 그럼에도 정부는 실제로 집값이 상승하고 세입자 주거비용이 증가한 수도권에 주택공급 정책을 펼칠 수밖에 없었다(서울역사편찬원, 《서울도시계획사》 3, 2021).

사람들도 있었고요. 거기서 같이 근무하면서 수차례 현장에도 같이 가보고 그랬어요.

그런데 기본적으로 프랑스의 도시계획과는 차이가 있었어요. 프랑스 같은 경우에는 파리 시내 외곽에 신도시가 5개나 있어요. 저도 가보곤 했죠. 그런데 거기서는 기본적으로 국가에서 땅을 사서 도시기반시설을 만들어요. 그러니까 지하철, 도로, 어떤 경우에는 공항 등등, 뭐 이런 걸 다 지어주는 거죠. 학교도 짓고요. 그러고 나서 주택 짓는 땅을 아파트 업체에 분양해서 집을 짓도록 하죠. 국가에서 투자하는 돈도 굉장히 많이 들고 시간도 많이 걸려요. 대신에 집을 다 짓고 나서 들어가는 사람들한테 불편함은 별로 없는 거죠. 기반시설이 다 되어 있으니까요.

그런데 우리나라는 신도시를 하는 방식이 반대잖아요. 아파트단지 구획을 결정해놓으면 건설회사가 경쟁적으로 그 땅을 사요. 은행 융자를 받고 이자를 내면서 땅을 사는 거죠. 그러니까 빨리 분양하고 빨리 지어서 사람들이 들어가서 살게 하죠. 서두르니까 보상비가 올라가요. 이익을 남기려면 분양가도 올라가요. 그러니까 기존 아파트 가격과 큰 차이가 없어요. 정부에서는 싼 주택을 많이 지어서 집값을 떨어뜨리려고 하는 것이 원래의 취지였는데, 이런 방식으로 하다 보니까 집값이 떨어지지 않잖아요. 신도시를 만든 취지가 안 되는 거예요.

게다가 주민들도 상당 기간 불편해요. 아파트부터 먼저 지어놨으니까요. 지하철도 없고 도로도 완전히 들어간 것도 아니에

200萬戶 住宅建設推進對策

—'89年住宅建設推進實績 및 '90年推進計劃—

'89. 12. 28

建 設 部

179

報 告 順 序

I. '89年住宅建設推進實績

II. '90年住宅建設推進計劃

180

I. '89年 住宅建設推進實績

1. 住宅建設實績

今年住宅建設은 住宅景氣의 好調와 200萬戶 目標達成을 위한 政府의 强力한 住宅建設促進施策에 힘입어 45萬戶를 達成함으로서 最大의 實績을 보이고 있음.

- '89年目標 36萬戶의 125%에 達하며
- '88年實績 32萬戶와 比較하면 140% 水準임
- 參考 : 年度別 建設實績

'85	'86	'87	'88	'89
23萬戶	29	24	32	45

- 民間部門이 크게 好調를 보여 30萬戶를 達成하였고
- 公共部門도 實績 15萬戶로서 計劃대로 達成하였음.

다만, 長期賃貸住宅은 實績 4萬戶로서 計劃 5萬戶에 未達하나 이는 住宅事業者에게 割當된 賃貸住宅의 採算性이 낮아 建設을 忌避한데 基因함.

'89 住宅建設實績

區 分	計 劃	實 績	對 比
計	36萬戶	45	125%
公共部門	15	15	100
· 永久賃貸	4	4	100
· 長期賃貸	5	4	80
· 小型分讓	6	7	117
民間部門	21	30	143

13-1

181

2. '89年 住宅政策의 評價

- 所得階層別 住宅供給體系를 再定立함으로서 住宅政策을 劃期的으로 轉換
- 宅地供給擴大와 分讓價現實化措置로 民間住宅建設을 活性化
- 住宅投機抑制와 實需要者爲主의 住宅供給秩序를 確立

- 生活保護對象者등 都市零細民의 住居安定對策으로 永久賃貸住宅制度를 새로이 導入하고, 25萬戶中 今年計劃 4萬戶를 모두 着手하였음.
- 都市不良住宅密集地域住民의 住居安定을 위하여 달동네 住居環境改善事業을 着手하였음.
- 住宅價格安定對策의 一環으로 '89.4 盆唐등 首都圈 5個 新都市建設에 着手하였음.
- 200萬戶建設에 必要한 宅地를 早期에 確保하기 위하여 5千萬坪을 宅地開發豫定地區로 指定하였음.
- 住宅建設擴大와 實需要者購買力 提高를 위하여 國民住宅基金등 住宅金融支援規模를 크게 擴大하였음.
- '82年以後 凍結한 住宅分讓價格을 現實化함으로서 民間住宅建設促進과 住宅價格安定에 크게 寄與하였음.
- 住宅價格의 安定을 위하여 住宅投機抑制施策을 더욱 强化하였으며 實需要者爲主의 住宅供給制度를 補强하였음.

13-2

182

당시 건설부에서 작성한 200만호 주택건설 추진대책(1989년)

요. 하수처리장도 없어요. 학교도 없어요. 이런 것들이 들어가기 전에 아파트부터 지었잖아요. 그러니까 우리가 하는 신도시 행정이 프랑스 같은 선진국하고는 차이가 있어요.

정부가 돈을 투자하지 않고 부지만 결정한 다음에 민간업자한테 맡기는 거죠. 업자들한테 땅을 구입하고 분양을 해서 이익을 보라고 놔두는 거죠. 그럼 입주하는 사람들은 비싼 가격을 줘야 하고요. 그럼 집값은 떨어지는 게 아니라 점점 더 올라가는 거죠. 유럽이나 일본에서도 이렇게는 안 해요. 물론 공무원들이나 전문가들은 다 알아요. 그런데도 몇 십 년 동안 그 제도를 고치려고 하지를 않아요. 엄청 답답한 거죠.

분당이나 일산 같은 신도시를 개발하기 이전에 그런 경우가 있었나요?

1984년이었을 거예요. 도시계획과장 시절이었죠. 주택공사에서 중계·상계 지역을 개발하겠다고 신청이 들어왔어요. 서울시에서 개발지구로 지정을 해줘야만 개발할 수 있거든요. 제가 여러 사람의 의견을 들어보니까 문제점이 많아 보여요. 그래서 반대를 한 적 있어요. 아파트를 먼저 지어 놓으면 안 된다. 간선도로, 지하철, 학교, 병원, 시장, 우체국 등등 하나도 안 되어 있는데 아파트를 먼저 지으면 사람들이 얼마나 불편하겠어요? 그래서 반대를 했죠. 그런데 그때 주택공사 사장이 힘이 셌어요. 서울시장을 했던 박영수 씨였거든요.[9] 그 양반의 영향력이 엄청났거든요. 그래서 우여곡절 끝에 아파트를 짓는 걸로 바꿨던 적이 있어요.

프랑스에 다녀오니까 중계동이랑 상계동 지역에 아파트가 벌써 준공이 되었다네요. 사람들도 입주를 막 시작했어요. 그런데 입주 첫날 신문을 보니까 대서특필로 아파트가 입주가 됐는데 사람들이 생활도 불편하고, 엉망진창이라고 나와요. 심지어는 학교에 책상이랑 걸상이 부족해서 학생들이 집에서 의자를 가지고 등교를 한다고 1면에 실렸어요. 그런 일을 경험하니까 알았던 거죠. 기반시설을 먼저 해 놓고 아파트를 지어야지, 아파트를 먼저 지어놓으면 혼란이 일어난다는걸요. 지금은 상계동도 그렇고, 중계동도 그렇고, 지하철이나 도로도 다 건설했잖아요. 학교도 많이 짓고요. 지금은 잘 굴러가요. 그렇지만 몇 년 동안 난리를 쳤어요.

사회적 비용이 많이 발생하는 거네요.

그렇죠. 시민들은 엄청나게 고생을 한 거죠.

---

9 박영수는 제18대 서울특별시장이다. 1980년 9월 2일부터 1982년 4월 27일까지 재임하였다. 육군사관학교를 졸업하였으며, 내무부 치안국장, 부산시장 등을 역임하였다. 1981년 올림픽유치단장으로 바덴바덴에서 열린 IOC총회에 참석하여 88서울올림픽을 유치하였다.

서울시 도로국장과 기술심사관으로 근무, 환경 문제에 대한 인식

1990년대로 본격적으로 넘어가도록 하겠습니다. 1991년에 서강대교 건설공사를 합니다. 건설 당시 생태계나 환경 문제로 TV나 신문에 논쟁이 있었던 걸로 알고 있는데요. 서울시 내부에서는 그런 문제를 어떻게 인식하고 있었나요?

예, 그랬죠. 그때 제가 도로국장이었어요. 당시 기억으로는 문제가 크지는 않았어요. 일단 문제가 됐던 것은 밤섬 생태계를 보호해야 한다는 것이었죠. 그때 시청에 있던 제 방에 환경단체 사람들이 와서 그 문제를 제기했어요. 그렇게 환경단체 쪽에서 문제를 제기하면서 얘기도 나누고, 그 사람들과도 몇 번 정도 만나서 설득을 했던 기억이 있어요. 그때 제가 교량이 지나가는 그 구간을 최소한으로 해서 훼손을 줄이겠다고 약속했어요. 그리고 다른 곳은 펜스를 쳐서 공사 소음이 바깥으로 나가지 않도록 최대한 조치를 하겠다고 해서 타협을 했었죠.

다른 시민들이 그런 민원으로 서울시와 접촉을 했던 건 아니었어요. 환경단체 정도만 찾아와서 몇 차례 설득했던 걸로 기억해요. 그리고 그 당시에는 이미 몇 년 전에 여의도 쪽은 교각을 세워 놓은 상태였어요. 공사를 하다가 중지된 상태였는데, 다시 개시한 거였죠. 밤섬의 공사를 해야 하는 시점에 제가 도로국장

서강대교와 밤섬 전경(2000년)

으로 있었던 거죠. 그래서 제가 말했던 거죠. "자, 보십시오. 저쪽에서 공사를 저렇게 많이 진척했는데, 밤섬을 안 지나갈 수가 없어요. 그러니까 우리가 공사할 때 펜스를 치고 소음이나 진동이 최소화하도록 하겠습니다."라고 설득했던 거였어요. 그렇게 해서 서로 이해하고 잘 넘어갔던 기억이 있어요.

오히려 그 당시 기억에 남는 건 서울시에 지하도로를 만든다고 발표를 했던 일이었어요. 이해원 시장 때 일이었어요. 서울시 교통 문제를 해결하기 위해서 시내에 대대적으로 지하도로를 건설하겠다고 전임 도로국장이 발표를 한 적이 있었어요. 시장 지시였거든요. 도면까지 만들어놨어요. 제가 이어서 맡은 거죠. 그런데 여러 자료들을 보니까 아이디어 준 사람이 파리에서 유학한 대학교수였어요. 그분이 이 시장한테 아이디어를 줬다고 해요. "파리에서 예전에 그걸 한 번 검토했다."라고 말이에요. 파리는 서울보다 행정구역이 작거든요. 거기에 지하도로를 건설해서 파리 시내를 완전히 쾌적한 공원으로 만들고, 차는 지하로 다니게끔 하는 거죠. 그런 계획을 세워놨던 모양이에요. 그런데 나중에 보니까, 확인된 건 아니지만 파리 시내를 깊게 파면 무슨 석유가 나오는 지질이라서 포기했다고 하더라고요.

여러 나라의 지하도로 현황을 조사해 보니까 서울은 산악지형이라서 그 밑에 지하도로를 건설하면 효과적이라고 본 거예요. 그래서 지하도로를 건설한다고 발표를 한 거죠. 그때 시장이 의욕적으로 그걸 하려고 했거든요. 그런데 한꺼번에 너무 많이 만들려고 했어요. 격자형으로 말이에요. 결국은 빛을 못 봤죠. 여러 곳에서 반대 민원이 쏟아지는데 그게 잘 되겠어요? 그러니까 저보고 도로국장을 하라고 한 거죠. 잘 추진해 보라고 말이에요.

여러 사람들하고 토론도 하고, 신문에 열심히 칼럼도 쓰고, 뭐 그랬던 기억이 있어요. 덕분에 국장일을 하면서 지하도로에 제일 신경을 많이 썼죠. 그런데 워낙 반대하는 세력들이 많았어요. 덕분에 추진도 못했어요. 나중에 제가 다른 곳으로 간 다음에는 그것도 흐지부지되고요. 시장도 금방 바뀌니까 얘기가 쏙 들어갔죠. 개인적으로는 지금도 1~2개 도로는 지하에다가 건설하는 것도 필요했다는 생각을 해요.

성수대교 붕괴사건 당시 사고대책본부장을 맡다

이번에는 다른 질문을 드릴게요. 아마 중요한 얘기일 수도 있는데요. 1994년에 성수대교 붕괴사건이 일어났습니다. 우리 모두에게 참담한 사건이었는데요. 당시 사고대책본부장을 맡으셨던 걸로 알고 있습니다. 그와 관련해서 말씀을 부탁드리겠습니다.

1994년 10월이었죠. 제가 하수국장으로 있었어요. 원래 하수국장은 여름철 휴가를 못 가요. 비가 오고 언제 홍수가 날지 모르거든요. 그러다가 10월이 되고 찬바람이 불면 조금 여유가 생기죠. 그날이 10월 21일이었을 거예요. 제가 그날부터 3~4일 동안 휴가를 냈거든요. 아침에 느긋하게 집 근처 테니스코트로 운동하러 갔어요. 그리고 집에 와서 아침 먹고 TV를 틀어놓고 있는데 이상하고 복잡한 화면이 막 나와요. 성수대교가 붕괴해서 학생들이 죽었다는 방송이 나와요. 그때가 출근시간이었죠. '이게 뭔가?'라고 생각했죠. 바로 저한테 전화가 왔어요. "아이고, 국장님 휴가고 뭐고 다 때려치우고 빨리 나오셔야겠습니다."라고 말이에요. 그래서 "알았다."라고 하고 바로 갔죠.

성수대교 붕괴 현장(1994년)

엄밀한 의미에서 다리는 도로국장이 관리를 해요. 그런데 그 때 도로국장이 독일로 출장을 갔던 때였어요. 전임 국장이 저였거든요. 제가 전임 도로국장이니까 사고대책본부장을 맡은 거죠. 하여튼 일평생 카메라 플래시를 한 번에 그렇게 많이 받았던 적은 없었어요. "사고 원인은 좀 더 조사를 해봐야 할 거고, 복구는 빠른 시일 내에 해서 차량이 다시 다닐 수 있게 하겠다."라고 얘기를 했던 것 같아요. 그 당시만 하더라도 우선 임시로라도 복구해서 일단은 차가 다니도록 한 다음에, 뭔가 장기적인 대책을 세워야겠다고 생각한 것 같아요.

어쨌든 사고가 나니까 시장이었던 이원종 씨[10]가 물러나고 지하철건설본부장을 했던 우명규 씨[11]가 새로 시장으로 왔어요. 기술자 출신이 시장을 해야 한다고 했던 것 같아요. 서울시에서 부시장도 했고 당시에는 경북지사로 있었으니까요. 그리고 원인 조사는 경찰에서도 하고 있으니까 우리는 복구대책을 세우는 것이 중요했어요. 복구도 그렇고, 돌아가신 분들에 대한 보상도 해야 하고요. 실무자들이 바쁘게 돌아다니고 신경을 많이 썼어요.

그때 우명규 시장이 저보고 국방부장관실에서 회의가 있으니까 같이 가자 그러더라고요. 성수대교가 무너지고 나서 2~3일 정도 됐을 때였어요. 국방부장관실에 갔는데, 장관하고 참모장이 저한테 말하더라고요. 자기들이 빨리 차가 다닐 수 있도록 공병대에서 쓰는 부교를 건설하겠다고 청와대에 보고를 했다고 말이에요. 대통령한테 직접 보고는 안 했지만 그 밑에 참모들한테

10 이원종은 제27대 서울특별시장이다. 1993년 3월 8일부터 1994년 10월 21일까지 재임하였다. 각종 규제제도, 법령, 운영방법 등을 재검토하여 시민 위주의 쇄신방안 마련하였으며, 제2기 지하철과 도시고속도로 건설에 역점을 두고 추진하였다. 이외에도 제3기 지하철 건설계획을 확정하였다. 하지만 재임 중 성수대교 붕괴사건이 일어나면서 시장직에서 경질되었다.

11 우명규는 제28대 서울특별시장이다. 1994년 10월 22일부터 같은 해 11월 2일까지 재임하였다. 공학박사로서 서울지하철 1호선 건설 실무책임자였으며, 지하철 건설본부장으로서 2호선 건설을 담당하였다. 서울시 부시장으로 재직 중이던 우명규 부시장은 성수대교 붕괴사건 이후 이를 조기 수습하기 위해 기술직 관료가 효과적이라는 판단 아래 시장으로 발탁되었다.

는 보고가 올라갔대요.

그런데 가만히 생각해 보니까 부교는 강물에 흔들려서 버스 같은 차들은 위험해서 못 다녀요. 승용차도 쉽지 않고요. 한두 대도 아니고 그 많은 차들이 어떻게 다니냐는 거죠. 저도 공병장교 출신이라 부교 만드는 것도 해봐서 알아요. 국방부에서는 이미 자기들이 청와대에 보고를 했는데 이걸 어떻게 했으면 좋겠느냐고 저희들한테 회의를 하자고 한 거였어요. 저도 그렇고, 같이 갔던 시장님도 부교는 위험하니까 안 되고 시간이 걸리더라도 다리를 새로 건설해야 한다고 말했어요.

그러니까 청와대에 같이 가자고 해요. 대통령한테 보고를 같이 해달라고 말이에요. 그래서 다음날 시장이랑, 저랑, 국방부장관, 참모장, 이렇게 넷이서 청와대로 갔어요. 보고는 제가 했어요. 성수대교가 무너진 원인이랑 돌아가신 분들 보상 대책 등을 보고했어요. 교통 대책을 보고하면서 "부교는 여러 가지 측면에서 위험하기 때문에 어렵고, 대신 빠른 시일 내에 복구하는 수밖에는 없다."라고 말했죠. 대통령도 별말 없고, "음, 그렇군. 그럼 그렇게 해."라고 하더라고요. 그렇게 해서 다리를 다시 복구하게 된 거죠. 국방부 사람들도 고맙다고 하더라고요.

당시 독일로 출장을 갔던 도로국장이 실은 제 전임자이기도 했어요. 그 국장이 먼저 도로국장을 했고, 제가 후임 도로국장을 하고, 그분이 다시 도로국장으로 간 거죠. 그런데 경찰에서 조사를 해보니까 소극적으로 처리했다는 보도가 나왔어요. 성수대교

성수대교 위령비

용접부에 하자가 생겨서 보수를 해야 한다고 보고가 올라왔는데 국장이 묵살했다는 발표였죠. 그래서 그 국장은 사법처리가 된 거죠. 그리고 건설할 때 감독했던 동료들도 옥고를 치렀어요. 그러고 나서 서울시는 공사 철강재가 정품인지, 용접을 제대로 했는지, 전부 현장조사를 하게 되었죠. 어쨌든 제일 안타까운 것은 학생들과 시민들이 희생된 것이었죠. 한강을 건너서 등교하고 출근하는 길이었는데 말이죠. 지금 생각해도 실로 안타까운 일이었어요.

종합건설본부 근무와 시청 이전 계획

하수국장을 마치고 1994년부터 1995년까지 종합건설본부장으로 가시게 됩니다. 그때 도시계획과 관련해서 기억에 남는 일은 어떤 것들이 있었나요?

하수국장이 하는 업무는 일반 시민들 눈에 잘 보이지 않아요. 일단 하수관이 지하에 묻혀 있으니까 잘 안 보이죠. 대신 종합건설본부장 업무는 지상에서 벌어지니까 대부분 눈에 잘 보여요. 일단 제가 있을 때 내부순환도로 첫 번째 구간을 개통했어요. 스위스그랜드호텔 앞 구간이죠. 그게 내부순환로 북서부 쪽이거든요. 4·19묘지 성역화 하는 작업도 그때 했어요. 또 한강에 새로 가양대교를 설계하고 착공을 했지요. 가양대교는 강상판교라서 설계가 좀 어려웠어요. 그래도 당시 최병렬 시장[12]이 안전에 대해 중점을 뒀거든요. 그래서 서울에서는 최초로 외국인 기술자를 초빙해서 감리를 했어요.

---

12 최병렬은 제29대 서울특별시장이다. 1994년 11월 3일부터 1995년 6월 30일까지 재임하였다. 서울시의 마지막 관선시장이다. 대통령 비서실 정무수석비서관, 문화공보부, 공보처, 노동부 장관 등을 역임하였다. 각종 시설물의 안전확보와 부실공사에 대한 대책 마련을 적극 추진하였다. 이외에 교통문제 해결을 위한 교통특별대책 수립을 추진하였다. 퇴임 전날인 6월 29일 삼풍백화점 붕괴사고가 있었다.

감리 계약은 외국 회사와 맺는 건가요? 아니면 외국인 기술자 개인과 맺는 건가요?

감리 회사와 계약을 맺어요. 입찰을 해서 선정을 하는 거죠. 그게 독일 회사였는지, 스위스 회사였는지, 그건 잘 기억이 안 나네요. 어쨌든 성수대교 붕괴 이후여서 안전에 더 신경을 쓸 때였죠. 다른 다리들 보수 공사를 할 때도 외국 회사한테 감리를 맡겼어요. 원효대교 같은 경우에도 외국 회사와 감리 계약을 맺어서 보수를 했어요. 그 현장을 가보면 확실히 국내 기술자들과 다르게 외국인 기술자들은 감리하는 방식이 철두철미해요.

또 빈틈을 두지 않아요. 물론 이 시기에 우리나라는 감리제도를 처음 시작하는 단계였거든요. 엄밀하게 말하면 성수대교가 무너지고 난 다음부터 우리나라에 제대로 된 감리제도가 시행된 거였어요. 어쨌든 원효대교를 보수하면서 보니까 교량의 좁은 공간 안에서 보수를 하는 것이 굉장히 어려운 작업이거든요. 그런데 외국인 기술자가 공정 하나하나 눈을 떼지 않고 철저하게 감리를 하는 걸 보니까 '우리도 뭔가 배울 점이 많구나.'라는 것을 느꼈죠.

신문기사를 보니까 당시부터 용산미군기지를 이전하자는 논의가 이뤄지기 시작하는데요. 그러면서 그 부지를 어떻게 활용할지를 논의하는 기사들이 보입니다. 서울시청을 근방인 녹사평역 주변으로 옮기자는 의견도 등장하더라고요.

그렇죠. 그건 제가 도시계획국장을 했던 1995~1996년의 일이었어요. 그때가 조순 시장이었어요.[13] 그런데 조순 시장이 취임하고 나서 시청을 이전해야겠다는 방침을 정했어요. 물론 청사를 이전하자는 것은 역대 시장 때부터 거론됐어요. 하지만 확실히 방향을 잡지 못해서 매번 흐지부지됐거든요.

그런데 조 시장이 미국에서 공부를 했기 때문에 옹색하고 좁은 시청 부지 대신에 좀 넓은 곳에 터를 마련하고, 시민들도 시청 주변에서 편하게 쉴 수 있고 쉽게 접근할 수도 있는 넓고 쾌적한 공간을 만들고 싶어 했어요. 그러면서 새로 들어설 시청은 조금 낙후된 지역으로 하자고 말이에요. 그런 곳에 시청이 들어서면 그 일대 지역도 동시에 개발되는 효과를 볼 수 있다는 거죠. 그래서 시장님을 모시고 소방본부 헬리콥터를 타고 시내 전역을 몇 차례 조사를 했어요. 그 중에 한 군데가 뚝섬이었어요. 예전 경마장 부지죠. 그리고 서울숲 지역도 포함되어 있었죠.

서울숲 일대는 지금 엄청나게 개발되었죠.

그때는 개발이 안 됐으니까요. 서울 동쪽 지역, 그때만 하더라도

---

13 조순은 제30대 서울특별시장이다. 첫 민선 시장으로서 1995년 7월 1일부터 1997년 9월 9일까지 재임하였다. 경제기획원 장관 겸 부총리, 한국은행 총재 등을 지냈다. 취임 전날 삼풍백화점 붕괴 사고가 발생하면서 취임식을 연기하고 붕괴 현장에서 공식 집무를 시작하였다. 시정운영 3개년 계획과 부문별 중장기 계획을 수립하였다. 당산철교 재시공 등 각종 도시시설물 안전 점검과 보수를 추진하였다. 이외에 환경기본조례 지정, 환경헌장 제정 등 환경정책을 추진하였다. 전국 최초로 사회복지조사를 실시하여 〈시민복지 5개년 계획〉을 수립하였다.

성수동이나 중랑구 지역은 도심보다는 많이 낙후됐거든요. 여기에 시청 부지를 만들면 지역 일대도 개발되고, 또 땅도 넓게 활용할 수 있지 않겠냐는 생각으로 관심을 많이 가지시는 것 같더라고요. 그러면서 워싱턴 지역 개발과 관련된 미국 책도 읽어보라고 건네주시더라고요.

검토를 해보니까 일부에서는 그럴 경우에 서울시청이 너무 외곽으로 나가는 것이 아니냐는 의견도 있었어요. 중심부에서 멀리 떨어져 있는 건 좋지 않다는 것이죠. 여러 의견들이 나온 걸로 기억해요. 그렇게 각계의 의견을 많이 들어서 결국은 현재 녹사평역이 있는 용산공원 북쪽 지역을 선정해서 서울시 부지로

용산미군기지 전경

결정했어요. 녹사평, 삼각지, 이태원이죠. 그 일대를 시청 부지로 쓴다는 거죠.

그 당시에 미군이 평택으로 옮긴다는 것을 전제로 해서 공원계획도 수립하고 있었거든요. 1996년에 그 일대를 시청 부지로 정한 거죠. 시청 부지를 도시계획 시설로 결정했어요. 다른 시설이 들어가지 못하게 했죠. 미군부대 내에 들어가서 현장조사도 몇 번 해봤어요. 경사지가 있는지, 시청 건물이 들어설 수 있는지 말이에요. 그렇게 해서 전망도 좋고, 교통도 쉽게 접근하고, 면적도 넓으니까 미군부대가 이전하면 여기에 시청을 만들자고 한 거죠. 물론 그 이후에 시장이 바뀌면서 관심이 없어졌죠. 조금은 아쉽다고 생각을 해요.[14]

조순 시장 때 공원도 대대적으로 조성을 했어요. 그때만 해도 일반 사람들은 "서울 주변에는 남산도 있고, 북한산도 있고, 낙산도 있고, 이렇게 산들이 많은데 도심에 그렇게 공원을 많이 조성할 필요가 있겠느냐?"라고 말하는 사람들도 많았어요. 그런데

14 1992년 당시 서울시는 서울시청 이전 사업을 도시환경분과위원회에 배정해 다루도록 하였다. 서울시는 도시계획전문가와 시민대표, 공무원 등으로 연구팀을 만든 뒤 공청회를 거쳐 최종 시청 이전 터를 확정할 계획이었다. 이전 터로서 서소문 대검찰청·대법원 터와 용산 미8군 터 그리고 현 시청 터가 거론되었다. 하지만 용산 미8군 터는 이미 국립박물관 등 문화시설을 짓기로 예정되어 있어 시청 터로서는 사용되기 어렵고, 현 시청 터에 다시 짓는 것은 도서관, 음악당 등 종합 문화정보센터를 세우자는 의견이 있어 서소문 대검·대법원 터가 가장 유력시되었다. 하지만 서울시청 이전 문제는 결국 현재 부지 위에 새로 짓는 방향으로 내부에서 결론이 내려졌다(《한겨레》 1992년 9월 14일; 《동아일보》 1992년 12월 21일).

조 시장은 외국에서 여러 가지 봤던 안목이 있었잖아요. 특히 여의도광장을 공원으로 조성한 건 큰 결단이었다고 생각해요. 여의도공원에 아스팔트가 그대로 깔려 있었다면 이글이글하고 엄청나게 뜨거운 열기가 그대로 여의도를 덮쳤을 거예요. 그렇게 여의도공원을 조성해놓으니까 그 일대의 분위기가 확 달라질 수 있었던 거죠.

또 강동구 천호동의 파이롯트 만년필 부지를 공원으로 만들었죠.[15] 그것도 서울시에서는 과감한 결정이었죠. 파이롯트 공장 부지를 돈을 주고 샀거든요. 보통은 그러면 더 이익이 나오는 건물을 지을 텐데 조 시장은 거기다가 공원을 조성했어요. 깨끗하고 큰 공원이 들어서니까 낙후되어 있던 천호동 일대가 엄청 발전했죠.

난지도 개발도 조순 시장 때 시동을 걸었어요. 그동안 난지도는 쓰레기 더미가 있었잖아요. 수색역 남쪽은 전부 잡풀이나 갈대가 우거져있던 미개발 지역이었고, 나머지 지역은 가난한 서민들의 동네였거든요. 그런 곳을 그냥 방치할 수는 없었던 거죠. 당시 제가 도시계획국장이었는데 조 시장님을 모시고 마포구청을 방문했어요. 그때 구청장이 나중에 국회부의장이 되는 노

---

15 천호공원은 강동구 천호동에 위치해 있다. 만년필 제조로 유명한 회사였던 파이롯트사의 공장부지였는데 서울시가 매입하여 공원으로 조성하였다. 1997년 10월 공사를 시작해 1998년 6월 개원하였다.

하늘공원으로 탈바꿈한 난지도

승환 의원이었어요. 주민 대표하고 노 구청장이 요청을 했어요. "이곳에는 난지도와 상당한 미개발 지역이 있다. 특히 난지도를 개발할 수 있도록 도시계획을 변경해 달라."라고 말이에요.

그래서 시장님이 이건 주민들의 의견이 맞는 것 같다고 하면서 난지도를 언제까지 미개발 지역으로 방치할 수는 없다면서 도시계획을 변경하라고 정했어요. 개발 지역이 40만 평 정도 되었던 걸로 기억해요. 도시계획 변경을 해야 집을 지을 수 있거든요. 지금의 난지도 지역에는 건물들이 빽빽하게 들어서 있죠. 그 최초의 시작을 알린 거였죠.

네, 좋은 말씀 감사합니다.

도판목록

※ 표기하지 않은 도판은 공공저작물 또는 서울역사편찬원 소장 이미지입니다.

서울역사구술자료집 14

서울의 도시계획을 말하다

발 행 인　서울역사편찬원장 이상배
발 행 처　서울역사편찬원 (history.seoul.go.kr)
서울시 송파구 올림픽로 424 올림픽공원 (02-413-9622)
기획 · 편집　박명호 (시사편찬과장), 류상진, 김현정
발 행 일　2022년 7월 29일
판 매 가　10,000원
편집 · 인쇄　경인문화사 (031-955-9310)

발간등록번호　51-6113542-000077-01
ISBN　979-11-6071-142-4 (04910)
978-89-94033-11-2 (세트)